Flaschenpost an die Zukunft

Friedrich Kittler
Till Nikolaus von Heiseler

Flaschenpost an die Zukunft

Eine Sendung

Kulturverlag Kadmos Berlin

Bibliografische Information der Deutschen Nationalbibliothek

Die Deutsche Bibliothek verzeichnet diese Publikation in der
Deutschen Nationalbibliographie; detaillierte bibliographische Daten
sind im Internet unter <http://dnb.d-nb.de> abrufbar

Das Werk einschließlich aller seiner Teile ist urheberrechtlich geschützt.
Jede Verwertung ist ohne Zustimmung des Verlages unzulässig. Das gilt
insbesondere für Vervielfältigungen, Übersetzungen, Mikroverfilmungen
und die Einspeicherung und Verarbeitung in elektronischen Systemen.
Copyright © 2013, Kulturverlag Kadmos Berlin.
Wolfram Burckhardt
Alle Rechte vorbehalten
Internet: www.kv-kadmos.com
Umschlaggestaltung: Sophia Nabokov/Readymade
Gestaltung und Satz: Readymade, Berlin
Druck: Booksfactory
Printed in EU
ISBN(13) 978-3-86599215-4
ISBN(10) 3-86599-215-3

Für Wanja

Inhalt

präludium
11

erster akt: die lehrjahre
17

backstage 01
40

zweiter akt: unsterblichkeit
50

backstage 02
85

dritter akt: anfechtungen
96

backstage 03
126

vierter akt: zur person
158

glossar
178

editorische notiz
192

»Ist der Tod nicht das, von wo aus das Wissen im allgemeinen möglich ist, so daß er bei der Psychoanalyse die Gestalt jener empirisch-transzendentalen Reduplizierung wäre, die in der Endlichkeit die Seinsweise des Menschen charakterisiert? Ist die Lust nicht das, was stets ungedacht im Zentrum des Denkens bleibt? (...) Und genau, wenn diese Sprache sich im nackten Zustand zeigt, sich aber gleichzeitig jeder Bedeutung entzieht, als wäre sie ein großes und leeres System; wenn die Lust in wildem Zustand herrscht, als wenn die Strenge ihrer Regel jeden Gegensatz nivelliert hätte; wenn der Tod jede psychologische Funktion beherrscht und sich über ihr als ihre einzige und verheerende Norm hält, dann erkennen wir den Wahnsinn in seiner gegenwärtigen Form, den Wahnsinn, so wie er sich der modernen Erfahrung als ihre Wahrheit und ihre Entstellung gibt.«[1] (Michel Foucault)

»Weniger bekannt ist, dass Lacan im Seminar über die psychoanalytische Übertragung eine knappe, aber dramatische Entstehungsgeschichte der Linearperspektive entwirft. Lacan geht (wie Hegel) von der Hypothese aus, daß die älteste Form von Kunst und/oder Kult die Architektur gewesen ist. Im Unterschied zu Hegel macht er aber klar, dass im Zentrum dieser Architektur – also im Innern von Pyramiden oder Tempel – kein Gott haust, sondern die Leiche. Diese Leiche braucht Platz, also ausgesparten Raum, also – ganz wie Brunelleschis Bild – ein Loch. Als dieses architektonisch offengehaltene Loch nun definiert Lacan das Heilige selbst: es ist die Anwesenheit einer Abwesenheit.«[2] (Friedrich Kittler)

---

1 Foucault, *Die Ordnung der Dinge*, S. 448f.
2 Kittler, *Optische Medien*, Berlin 2002, S. 67

DRAMATIS PERSONAE

FRIEDRICH KITTLER
TILL NIKOLAUS VON HEISELER
Ein TONMANN
Ein KAMERAMANN
Eine FERNSEHKAMERA
Ein ENGEL

Ein Sonnabend im Mai, 12 Uhr mittags. Ein Zimmer in Berlin Treptow. Friedrich Kittler vor seiner Medienwand. Vis-à-vis: Till Nikolaus von Heiseler. Ein Kameramann, ein Tonmann, eine Fernsehkamera vom Typ DVW-970 SONY Digital Betacam.

präludium

FRIEDRICH KITTLER   Wo hat sich denn das Taschentuch versteckt? Ist es heruntergefallen?
TILL NIKOLAUS VON HEISELER   *hebt das Taschentuch auf* Hier.
FRIEDRICH KITTLER   Danke schön. So.

Stille.

FRIEDRICH KITTLER   *flüstert* Ganz feierlich.
TILL NIKOLAUS VON HEISELER   Lass doch bitte schon mal den Ton laufen. Kommt das Licht an?
KAMERAMANN   *wienerisch* Hab's gerad' gerichtet.
FRIEDRICH KITTLER   Das Taschentuch fliegt mir ständig herunter. Ich brauch's aber als Kettenraucher. Immer fliegt mir mein Taschentuch herunter.

Stille.

TILL NIKOLAUS VON HEISELER   Wir wollen uns Folgendes vorstellen: Alle Ihre Werke, alles, was Sie geschrieben und gesagt haben, ist verloren. Verloren als materielle Aufzeichnung, verloren aber auch in den Köpfen der Menschen. Alle Bücher, die Sie geschrieben haben, sind verbrannt, alle Ihre Schmierzettel, Zettelkästen, alle Aufzeichnungen, die Ihre Studenten in Ihren Vorlesungen und Seminaren gemacht haben – alles vernichtet und eben auch das ganze Andenken an Ihre Worte, an alles, was Sie gesagt haben, im akademischen und außerakademischen Zusammenhang. Und nun versuchen wir in einem einzigen Gespräch zu retten, was zu retten ist. Eine Flaschenpost an die Zukunft.

FRIEDRICH KITTLER Eine wunderschöne Idee.

TILL NIKOLAUS VON HEISELER … und grausam: Es gibt keine einzige Kopie mehr von Ihren Büchern. Alle Erinnerungen an alles, was Sie jemals gesagt haben in den 68 Jahren ihres Lebens, sind ausgelöscht; ebenso alles theoretische Wissen, das in menschlichen Bewusstseinen vorhanden war, das sich an ihren Büchern gebildet hat, und nun haben wir fünf Stunden Zeit zu rekonstruieren, was Sie der Zukunft zu sagen haben: Was haben Sie in die Waagschale zu werfen? —— Aber zunächst möchte ich mit Ihnen besprechen, wie wir miteinander sprechen wollen. Wir wollen also erst einmal das Gespräch, das wir miteinander führen werden, planen. Beginnen wir also mit der Planung. Ich schlage vor, dass wir das Gespräch in fünf Akten führen: Der erste Akt trägt den Titel: *Friedrich Kittlers Lehrjahre*. Auf diese Weise können wir Ihr Leben ein wenig wie einen Bildungsroman erzählen. Der zweite Akt ist mit dem Wort *Unsterblichkeit* überschrieben. Da geht es um die Spur in der Zeit, um den Beitrag, also um die Werke.

FRIEDRICH KITTLER Mh-mh.

TILL NIKOLAUS VON HEISELER Wobei die Ewigkeit ja auch eine Adresse ist. Eine Adresse, für die man manchmal mehr auf sich nimmt, als gut für einen ist, was nur am Rande gesagt sein soll. Der dritte Akt soll sich mit den Anfechtungen beschäftigen, also mit der Kritik, auch der Selbstkritik, auch den Wendungen, den Selbstanfechtungen. Denn wenn einer mit aller Aufrichtigkeit arbeitet, dann kann es immer auch zu einer Kehre kommen. Der vierte Akt soll sich mit der Person beschäftigen, mit dem Fleisch und Blut, mit der Rolle im Betrieb, mit Prägungen, den Entscheidungen, den Vorlieben unbekannter Herkunft, die diese Entscheidungen leiten, Zäsuren,

Zufällen und Ereignissen der sogenannten Biografie. Und dann ist der Wissenschaft ja auch immer die institutionelle Dimension gegeben, die Nutzung von Institutionen, die Teilhabe und der Konflikt mit ihnen. Thomas Kuhn unterscheidet bekanntlich zwischen den Normalwissenschaften und wissenschaftlichen Revolutionen.[3] Vielleicht könnte man in diesem Zusammenhang den eigentlichen Autor als eine Störung begreifen, als *Parasiten im System* im Sinne Michel Serres'. Wir werden darauf zurückkommen. Und dies führt uns zum fünften und letzten Akt, *der Spitze der Pyramide* – wie ich ihn nennen will, der sich mit der Zukunft beschäftigen soll, und dies auf zweierlei Weise und Art: Erstens, was sagt Ihr Projekt über die Zukunft aus? Was kommt auf uns zu? ~~Wohin gehen wir?~~ Und zweitens: Was haben Sie noch vor? Was dürfen wir hoffen, das Sie noch schreiben oder sagen werden?

FRIEDRICH KITTLER Dann sollen die *Lehrjahre* zunächst einmal unpersönlich bleiben?!

TILL NIKOLAUS VON HEISELER Was soll unpersönlich bleiben?

FRIEDRICH KITTLER Der erste Akt!

TILL NIKOLAUS VON HEISELER Der erste Akt soll unpersönlich bleiben, soweit das möglich ist. Wir fangen mit der Frage an, welche Denker für Sie zur Studienzeit wichtig waren, mit den Benennung der geistigen Vätern, wir werden also auch ein wenig Ideengeschichte treiben, aber natürlich auch die kulturtechnischen Veränderungen der Zeit benennen und da kommt dann ja doch wieder die Biografie hinein, in der der Mensch Kittler gewisse Medien benutzt und auch bestimmten Institutionen begegnet. Also die Voraussetzungen Ihres Denkens in semantischer, kulturtechnischer und institutioneller Dimension.

FRIEDRICH KITTLER Gut. Ja.

TILL NIKOLAUS VON HEISELER Beginnen wir mit der Planung des ersten Aktes. Wir können auch zwischen den Akten immer wieder auf die Planungsebene zurückkehren

---

3 Thomas S. Kuhn, *The Structure of Scientific Revolutions*. Chicago 1962.

und den Akt, der dann kommen soll, planen oder auch reflektieren, wie der Akt gelaufen ist, was wir vergessen haben und was wir verbessern können, also aus der Spannung des quasi öffentlichen Sprechens heraustreten und Atem schöpfen und ein bisschen plaudern oder kritisieren oder vielleicht sogar etwas proben oder absprechen für den nächsten Akt.

FRIEDRICH KITTLER Ja. Entschuldigung. Wie lange soll ein Akt dann netto sein?

TILL NIKOLAUS VON HEISELER Das ist ganz von Ihrer Inspiration und Kraft abhängig.

FRIEDRICH KITTLER Also, um fünf sollten wir fertig sein – spätestens.

Es kracht metallisch.

TILL NIKOLAUS VON HEISELER Hub!

FRIEDRICH KITTLER Die Heizung wahrscheinlich.

TILL NIKOLAUS VON HEISELER Gut, jetzt wo wir alles Technische und auch die Struktur geklärt haben, möchte ich noch einmal zur Grundidee dieses Gespräches zurückkehren, die ich ja schon angesprochen habe, die imaginäre Situation, den Rahmen des Sprechens. Ich würde mir wünschen, dass Sie sich für einen Atemzug tatsächlich vorstellen, alle Ihre Werke sind verloren, alles Andenken an Sie ist in allen Gehirnen gelöscht, niemand erinnert sich mehr an das, was Sie gesagt haben in Ihren Seminaren, in ihren Vorlesungen oder auch in privaten Gesprächen, denn in den Gehirnen aller Menschen wurden die Strukturen zerstört, die sich aufgrund der Lektüre Ihrer Texte gebildet haben. Ihr ganzes Werk, Ihre Theorien sind nur noch an einer Stelle in der Welt anzutreffen: in Ihrem sogenannten Geist. Und nun versuchen wir in fünf Stunden, das Wichtigste für die Nachwelt zu retten. Flaschenpost heißt aber auch, das einer Zukunft zu senden, was noch nicht angekommen ist in der Gegenwart und eben in ihr auch nicht ankommen kann, weil die Gegenwart die Gegenwart ist und die Zeit noch nicht gekommen ist, der Ankunft. ——— Das eben wäre die

»Flaschenpost an die Zukunft«. Es geht jetzt also tatsächlich darum, sich die Katastrophe im ganzen Ausmaß auszumalen und diesen Schrecken umzuwandeln in die geistesklare Entscheidung, was in die Flaschenpost an die Zukunft gehört und was nicht. Das ist die Situation, aus der heraus wir sprechen wollen. Punkt. Nun zum ersten Akt. Die Lehrjahre. Das ist vielleicht der Weg bis 1980, bis zur »Austreibung«.

FRIEDRICH KITTLER   Ja.

TILL NIKOLAUS VON HEISELER   Nicht wahr?

FRIEDRICH KITTLER   *nachdenklich nickend* Bis dahin etwa.

TILL NIKOLAUS VON HEISELER   Bis dahin etwa.

FRIEDRICH KITTLER   Ja.

TILL NIKOLAUS VON HEISELER   Das wären die Lehrjahre. So würde ich das sehen.

FRIEDRICH KITTLER   *bejahend* Mh-Mh.

TILL NIKOLAUS VON HEISELER   Ich hoffe natürlich auch auf Ihr narratives Talent. Denn es ist ja immer so, wenn man Theorie schreibt: Einerseits will man mit Foucault keine Geschichten mehr erzählen, aber man muss es dann doch.

FRIEDRICH KITTLER   Ja. Sicher.

TILL NIKOLAUS VON HEISELER   … und Sie haben doch ein großes Talent, komplexe Theorien dann doch wieder in die Form einer Erzählung zu kleiden. Einmal haben Sie sogar von einem Märchen gesprochen.

FRIEDRICH KITTLER   Habe ich das, ja?

TILL NIKOLAUS VON HEISELER   Ja im *Farben und/oder Maschinen denken* – ein Vortrag, den sie in Neuss in einem Museum gehalten haben Anfang der neunziger Jahre.

FRIEDRICH KITTLER   Ah ja! Sie kennen das ja sehr gut. Besser als ich.

TILL NIKOLAUS VON HEISELER   Da geht es um den Konflikt zwischen der Philosophie und den Naturwissenschaften, in der Hauptsache vertreten durch Hegel und Heidegger auf der einen Seite und Helmholtz, Turing, Shannon usw. auf der anderen Seite. Und das Märchen beginnt mit einer goldenen Vergangenheit, in der Philosophie, Natur-

~~wissenschaften und Mathematik noch eins sind.~~
~~FRIEDRICH KITTLER   Wollen wir anfangen?~~
~~TILL NIKOLAUS VON HEISELER   Ja. Ist alles gut? Fühlen Sie sich wohl? Taschentuch ist auch zuhanden?~~
FRIEDRICH KITTLER   Es ist sehr verhallt, weil Sie alles rausgeräumt haben aus dem Zimmer.
TILL NIKOLAUS VON HEISELER   Was sagt der Ton?
TONMANN   Ist o.k.
FRIEDRICH KITTLER   Ist o.k.? Nun also: Die Lehrjahre …

erster akt: die lehrjahre

> »mich selbst, ganz wie ich da bin, auszubilden, das war dunkel von Jugend auf mein Wunsch und meine Absicht« (Wilhelm Meister in einem Brief an seinen Schwager Werner)

TILL NIKOLAUS VON HEISELER *mit der Stimme eines Moderators* Herr Professor Kittler, Sie sind Jahrgang 1943, geboren im sächsischen Rochlitz. 1958, als sie 15 waren, siedelte Ihre Familie in die Bundesrepublik nach Südbaden über. Mit welchen Ambitionen haben Sie, nachdem Sie 1963 in Lahr im Schwarzwald Abitur gemacht hatten, Ihr Studium in Freiburg aufgenommen?

FRIEDRICH KITTLER Um eine Frau zu kriegen. Ich wollte eigentlich nach Heidelberg, aber das ist ja schon der vierte Akt und damit eine persönliche Geschichte. Lassen wir das weg. Ich saß auf diesem Dorf in Südbaden und da kam von Heidegger – das noch in der Schulzeit – plötzlich kam von Heidegger *Gelassenheit* ins Haus; ein ganz merkwürdiger Text, von dem ich kein Wort verstand. Und das hat mich so unglaublich fasziniert, dass ich mich dann im Bücherschrank meines Vaters umgeschaut und gesehen habe, dass er die dritte Auflage von *Sein und Zeit*, Halle an der Saale 1931, gekauft hatte. Im Studium war ich dann der Einzige, der mit dieser dritten Auflage ins philosophische Seminar lief. Alle anderen lasen die

zehnte Auflage, die gerade erschienen war in der Zeit
unseres Studiums – also so um 1965. In *Sein und Zeit*
hat Heidegger ja *Errata* vorne drin, eine Druckfehlerliste
und zu meiner großen Freude hörten die feinsäuberlichen
Bleistifteintragungen meines Vaters, der diese Errata-Liste
in den Text übertragen hatte, nach einem guten ersten
Drittel von *Sein und Zeit* auf und das war natürlich für
mich, den Sohn, der ideale Anlass, das Buch zu Ende
zu lesen. Und das hat so gefunkt und gewirkt, dass die
Lehrjahre mit dieser Lektüre begannen, dass ich, obwohl
ich eigentlich Germanistik und Romanistik studierte,
von Heideggers Nachfolger, einem deutschnationalen
Exiljuden, gebeten wurde, die zehn Jahre lang ver-
nachlässigte Bibliothek des philosophischen Seminars
wiederaufzubauen. Ich war quasi der Bibliothekar.
Dieser Exilprofessor und Philosoph war nicht einmal
ordentlicher Doktor der Philosophie, sondern Doktor
Jur. – Vor den Nazis hatte er fliehen müssen, und als
Trost hat er sich ein einziges Buch auserwählt: die *Ethik*
von Spinoza und die war so zerschossen und zerlesen,
wie ich noch kein Buch gesehen habe. Aber viele andere
Bücher sagten ihm nichts. Er hatte für viele Bücher gar
kein Gefühl. Sie waren ihm gewissermaßen gleichgültig,
außer der besagten *Ethik*, die sein Ein und Alles war. Für
mich als Lehrersohn waren Tausende von Büchern das
Normalste auf der Welt. Auf diese Weise bin ich hinter
dem Rücken meiner eigenen Planung Philosoph geworden und bin von Heidegger geprägt. Doch dann kam
ein ganz schrecklicher Tag, an dem die Assistentin dieses
Professors uns alle antreten ließ im Hilfskräftezimmer, so
wie die Orgelpfeifen, vom größten bis zum kleinsten; und
ich war der einzige nicht richtig professionelle Philosoph.
Und dann hat sie mir oktroyiert, eine Dissertation über
Hegels *Ästhetik* zu schreiben, weil sie mich nicht für reif
befand, in der Ontologie – der *Prima Philosophia* – mich
zu äußern. Das hat mich so entsetzt – oder beleidigt,
glaube ich –, dass ich das erste wohl verdiente Geld – immerhin vierhundert DM im Monat bekam man, glaub

ich, damals als Hilfskraft – an den Nagel gehängt habe, oder wie man das sagen soll, und *mea sponta*, aus freiem Entschluss, gekündigt habe, mit der im Nachhinein lustigen Begründung, es gebe nicht bloß Gedanken, sondern auch Worte. Nachdem ich mir diesen Spruch eine Nacht lang überlegt hatte, um ihn dann der Dame ins Gesicht zu schleudern, bin ich brav und reuevoll und überhaupt in letzter Sekunde – im neunten Semester, glaub ich – zu den Germanisten zurückgelaufen, um eben forthin Worte als Worte zu nehmen. Ich hab noch einmal wahnsinnig gründlich Hegel gelesen, die *Phänomenologie des Geistes*, was ich schon unendlich oft gemacht hatte – wütend und glücklich zugleich. Das ist etwas ganz anderes als die Lektüre von *Sein und Zeit*, denn *die Phänomenologie des Geistes* ist ein unglaublich spannender esoterischer Roman. Man kommt da hinein wie in einen D-Zug, der nicht mehr hält. In der Germanistik habe ich dann eine linkshegelianische Staatsarbeit geschrieben über Hebbel: *Hebbels Einbildungskraft – Die dunkle Natur,* die ich vor [ein] paar Jahren aus Jux wieder hab' drucken lassen.[4] Ich habe versucht, gegen den damals herrschenden Idealismus anzuschreiben, also die Natur als *das Andere des Geistes* zu beschwören, über und mit Hebbel und mit und gegen Hegel. Und das ist mir so schön gelungen, dass ich aus diesem Humanismus und Anthropologismus, der in der Germanistik wie in der Philosophie damals herrschte, restlos herausgekommen bin. Das war aber

---

4 Friedrich Kittler, *Hebbels Einbildungskraft – Die dunkle Natur,* Bern 1999. Im Klappentext heißt es: »Als Schreiber geschichtsphilosophischer Tragödien ist Hebbel so berühmt wie vergessen. Es gibt jedoch andere Zugänge. Hebbels Werk quillt über von Edelsteinen, und der Autor zeigt, daß und wie posthegelianische Edelsteine den Umschlag von Geschichte in Natur, Fürsichsein in Ansichsein allegorisieren. Damit aber spielt die Tragödie zum erstenmal nicht mehr bloß in einer Geschichtszeit; sie konfrontiert die Geschichte als solche mit ihrem Anderen. Dieser Text ist die späte Drucklegung eines Typoskripts, das noch den Wonnen der Dialektik frönte. Unterm kalten Himmel von 1999 wären andere Worte nötig, um Geschichte als Endlichkeit (im mathematischen Wortsinn) zu denken. Nur das apokryphe Schellingmotto, dem zufolge Natur sich immerzu sucht und niemals findet, gilt unter Siliziumbedingungen strenger denn je: Hebbels Steine trinken kein Blut und keine Tränen mehr, sie rechnen.«

auch dank Hebbel, der, völlig unbemerkt von seinen germanistischen Interpreten, immer das Kunststück fertigbringt, aus perpetuierten – sozusagen ewigen – Tränen Diamanten zu machen und umgekehrt aus Diamanten wieder lebendig fließende Tränen und aus fließendem Blut Rubine; und *vice versa* immer so fort. Und ich hatte, glaube ich, aufgrund von *Tanz der Vampire*[5] eben beschlossen, ich widme mich nur den Zähnen und Fingernägeln als denjenigen Teilen des Körpers, die tot sind, in dem Sinne, dass sie auch nach dem Tod ein bisschen wachsen: die Haare und die Nägel. Also Dracula war schon das zentrale Motiv, und dieses wurde von Hebbel so schön ins Poetische gewendet: *sternenweiß, blinkend wie Brillanten und dunkelrot wie Rubine und Granat.*

TILL NIKOLAUS VON HEISELER   Diesen Übergang von der Philosophie zur Germanistik, diese Wendung oder Rückwendung zur Literatur, könnte man allerdings auch heroischer erzählen, so wie Sie es beispielsweise im programmatischen Gespräch mit Florian Rötzer – *Konturen einer Medienwissenschaft* – getan haben.[6] Dort erzählen Sie, dass Sie zunächst Philosophie studiert haben und just in dem Augenblick, in dem Sie der Auftrag ereilte, über Hegels Ästhetik zu promovieren, sei Ihnen der entsetzliche Gedanke gekommen, dass es womöglich gar keine Gedanken gäbe, sondern nur Wörter. Der sich selbst denkende Geist hat also kulturtechnische Grundlagen. Vielleicht können wir diese Differenz zwischen Gedanke und Begriff und Wort einmal für das abwesende Publikum beleuchten …

FRIEDRICH KITTLER   Mh, da muss ich mir erst was Neues ausdenken …

---

[5] Film von Roman Polanski, der 1967 ins Kino kam, mit der Schauspielerin Sharon Tate, die zwei Jahre später hochschwanger von Charles Manson bzw. seinen Anhängern ermordet wurde.

[6] Kittler, *Konturen einer Medienwissenschaft*, in: Vom Chaos zur Endophysik – Wissenschaftler im Gespräch, München 1994, S. 319–333.

TILL NIKOLAUS VON HEISELER Das Wort ist ja als Buchstabenfrequenz diskret codiert, es ist ja faktisch vorhanden, beispielsweise als Tinte auf Papier, und ist festgestellt in Orthographie und Grammatik. Und gewissermaßen, das zeigen Leseautomaten, ist unsere Sprache auch mehr oder weniger eine Aneinanderreihung von Phonemen, also auch die gesprochene Sprache ist diskret, was uns erst durch die Schrift bewusst wird. Der Begriff dagegen ist eine Verknüpfung, in der Symbol und Imagination, also Signifikant und Signifikat, zusammenkommen. Es wird oft gesagt, dass das Symbolische und das Imaginäre immer nur gemeinsam auftauchen. Das ist aber nicht richtig. Es gibt ja das rein Symbolische in der Mathematik und natürlich in den technischen Medienprozessen und es gibt die Imagination, die einfach aus dem Inneren eines träumenden Jagdhundes aufsteigt, wie es irgendwie so oder ähnlich bei Puschkin heißt. Wir können unterscheiden zwischen einer Vorstellung, eine reale oder imaginäre Raum- und Gegenstandswahrnehmung und einem symbolisch-imaginären Kosmos und dieser ist narrativ. Und wenn der Mensch dadurch zum Menschen wird, dass er in den symbolisch-imaginären Kosmos eintritt, dann ist der Mensch ein Effekt der Narration. Das versuche ich gerade evolutionsbiologisch nachzuweisen. Das Wort dagegen ist ja etwas ganz Solides: Es ist materiell vorhanden und als Buchstabenfrequenz mathematisch anschreibbar.

FRIEDRICH KITTLER Das geschriebene Wort – irgendwie hängt das ja auch an der Muttersprache und mit all' den Dingen zusammen, die im vierten Akt zur Sprache kommen werden: Was ist das Wort, bevor es aufgeschrieben worden ist? Das interessiert mich natürlich. Das Aufgeschrieben-Sein von Worten ist ja das, was mich jetzt im Spätwerk – wenn Sie das so nennen mögen – umtreibt: wie es kommt, dass das griechische Alphabet als erstes und einziges auf der Welt imstande ist, ein universales Medium für das Wort zu sein. Man kann mit diesem Alphabet, wie Sie wissen, im Prinzip alle Sprachen anschreiben. Und diese Positivität der Worte und der Wörter im Unterschied zur Flüchtigkeit des Gedankens und der Idee, das sollte mich erden oder mir Halt geben – das Wort »Erdung« jetzt so genommen, wie Pynchon es einmal in *Gravity's Rainbow* benutzt. Die anderen Sachen, die zu dieser Zeit als Dissertationen entstanden und erschienen sind – um zunächst bei den Lehrjahren zu bleiben –, waren so ätherisch und schwebten am Himmel und nahmen überhaupt keine Rücksicht auf Kontext und historische Präzision. Es war vollkommen egal, wann Aristoteles gelebt hatte, Hauptsache wir machten ein Seminar über das Buch *Zêta* in der Metaphysik[7]. Heute empfinde ich das als ein maßloses Manko, eine große Lücke in meinem ganzen Studium, in diesen Freiburger Lehrjahren. Aber diese Lücke oder dieser Irrtum einer Lehre ist natürlich auch immer ein schöner Anlass gewesen, die Leerstelle, die blieb, auszufüllen. Damals in den frühen Siebzigern war, wie Sie wahrscheinlich wissen, Sigmund Freud in aller Munde und man konnte sich ihm gar nicht entziehen, so wenig wie man sich damals Adorno und Benjamin entziehen konnte. Der Druck des

---

7 Das Beispiel scheint nicht ganz zufällig gewählt, da das Buch *Zêta* den Kern der Ersten Philosophie Aristoteles' enthält, die Betrachtung des Seienden als Seiendes (*to on hê on*). Der zentrale Begriff, das vom Partizip *seiend* abgeleitete Substantiv lautet: *Ousia*. Die philosophische Tradition übersetzt *Ousia* mit Substanz oder Essenz (Thomas von Aquin). Heidegger vertritt dagegen die Auffassung, dass es sich hier um ein Missverständnis handelt, um eine Verengung des Begriffs *Ousia*, so übersetzt Heidegger den Begriff mit Seiendheit, das also, was das Seiende als Seiendes bestimmt. Dies ist nicht mit dem Sein gleichzusetzen, da sich nach Heidegger Sein und Seiendes in einer ontologischen Differenz befinden. Während das Seiende das Existierende ist, ist das Sein – nach der Kehre – die historische Grundlage der Entbergung, d.h. die Weise, wie sich die Welt (dem Dasein) erschließt. Da die Entbergung an und für sich (das Erscheinen dessen, was wir für wahr halten) aber nicht zum Problem wird, verbirgt sich das Sein im Prozess der Entbergung. Was sich hier verbirgt, ist aber nicht das, was einfach nicht gesehen wird, sondern die Voraussetzung des Sehens selbst. Und genau dieser Spur folgt Kittler, der Seinsgeschichte kulturtechnisch begründet und mit Foucault die *historischen Apriori* als Realbedingungen des Diskurses wissensarchäologisch aufspürt, dann aber konkret medienhistorisch rekonstruiert. Es geht also um den blinden Fleck (also den Punkt, von dem aus wir sehen und der unsichtbar bleiben muss, damit wir überhaupt etwas sehen) und die Grundlage des Wissens in historischer Dimension (wobei die biologischen Grundlagen unbezeichnet bleiben). Als beängstigende Pointe könnte man hinzufügen, dass allein der Wahnsinn diesen Punkt *direkt* und unverblümt ins Auge fassen kann.

Suhrkamp Verlages und des *Fischer Verlages* lastete auf der Republik bis nach Südbaden, nach Freiburg, von Frankfurt am Main aus. Ich fand aber die Literaturpsychoanalysen, so wie sie damals praktiziert wurden, haltlos-subjektivistisch. Ein Kollege – um nur ein drastisches, das abschreckendste Beispiel zu nennen – führte die gesamte Lyrik von Bertolt Brecht auf seine Herzschwäche zurück, und das fand ich so unsäglich trivial, dass ich mir dachte, ich versuche nun etwas ganz anderes. Und da habe ich angefangen, Foucault zu lesen und dadurch vieles ganz neu sehen können. Dann allerdings war ich ganz verzweifelt, über welchen Menschen ich eine Dissertation schreiben soll. Kein deutscher Autor passte mir, und an die französischen wollte ich nicht heran. Über Gustave Flaubert zu schreiben, habe ich mich nicht getraut – im schlimmsten Fall wäre ich dann doch Gymnasiallehrer geworden, und sächsisches Französisch ist eines der hässlichsten, die es gibt. Deshalb habe ich mir aus Gustav Meyrink und Rainer Maria Rilke und Conrad Ferdinand Meyer einen *Meyrilk* zusammengedichtet, so hieß das Projekt am Anfang – *Meyrilk* – da waren alle drei Namen fröhlich ineinander verschlungen. Das konnte ich natürlich niemandem antun, vor allem meinem seriösen Germanisten und Doktorvater nicht, und deshalb habe mich dann für Meyer entschieden, weil er inhaltlich und methodisch etwas Neues zu schreiben versprach. Inhaltlich war die *Geschichte des Wahnsinns – Folie et déraison. Histoire de la folie à l'âge classique* – von Foucault wichtig, seine Dissertationsschrift, die 1961 herausgekommen war. Es stellte sich heraus, dass Meyer mit fünfundzwanzig von seiner Mutter ins Irrenhaus gesteckt worden war, und zwar an ihrer statt, denn sie ist dann ein Jahr später ernsthaft irre geworden, während sie ihren Sohn nur des Wahnsinns bezichtigt hatte. Und am Ende erwischt ihn das Ganze wieder: Mit sechzig, fünfundsechzig kriegt er eine Altersdepression, die zwar nicht das Ende des Lebens bedeutet – er wird auch wieder entlassen –, aber das Ende des Schreibens. Meyer hat so gut wie nichts mehr geschrieben, außer zwei Gedichten im Irrenhaus selbst, die beiden Gedichte habe ich mir kommen lassen aus dem

Irrenhaus, die waren sehr nett dort und die Gedichte damals noch unveröffentlicht. Und eigentlich hätte ich mir auch noch das Tagebuch seiner Mutter kommen lassen, aber ich habe mich dann für die Arbeit auf veröffentlichte Teile aus dem Tagebuch der Mutter beschränkt. Sie hat angefangen das Tagebuch zu führen, als der Sohn zwei war. Zudem habe ich die Sachen seines Vaters gelesen. ~~Das nannte man damals »methodisch«, diese inhaltliche Vorgabe.~~ Ich konnte quasi eine Psychoanalyse dieses deutschsprachigen Schweizer Schriftstellers machen auf der Basis der Diskurse, a) seiner Eltern und b) des Diskurses seiner Psychiater, d.h. ich musste nicht in seine Innerlichkeit hineinkriechen und ihn psychoanalysieren, so wie es damals üblich war und wofür ich gerade schlechte Beispiele bezüglich Brecht gegeben habe, sondern ich konnte Diskursanalyse und Psychoanalyse vernetzen. Die harte These, die dahinterstand, war ganz einfach – schon von Emil Staiger halb erahnt – : Die ganze Lyrik Meyers trauert der selbstmörderischen und irren Mutter nach, und das ganze Novellenwerk versucht den Autor Meyer als den kleinen verlorenen Familiensohn in die historische Ranke-Schüler-Schreiberei des Vaters hineinzuschmuggeln, der übrigens die Universität Zürich gegründet hatte. Was mich damals weiter nicht interessierte, war, dass diese Universität – von Ferdinand Meyer, also dem Vater des Dichters, gegründet – die erste Universität war, wo auch Frauen als Studentinnen zugelassen waren. Gut, es war ein schönes, ein sehr schwarzes und abgrundtief trauriges Buch, das leider nicht gewirkt hat, weil der Verlag, der es machen wollte, bankrott gegangen ist, und deshalb musste ich auf einer elektrischen Schreibmaschine den ganzen Text tippen und es wurde nie gesetzt. Das ist ein Schmerz bis heute, den aber mein Verleger verspricht, verschwinden zu lassen. Der Doktorvater las das und dachte, »aha gut – Diskursanalyse, das ist Familienpsychoanalyse, also interaktionistische à la Lang, eine Analyse von Familiensituationen«. Und er fiel dann völlig aus den Socken – Entschuldigung, wenn ich das so sage, das sollte er nicht hören –, als sich dann in meiner Habilitation herausstellte, dass man auch andere Sachen, eben Diskurse und nicht nur Menschen, analysieren kann mit Foucault, nämlich ganze Medien- oder Literaturepochen, ohne den Begriff des Autors dann noch sehr zu strapazieren. Diese frohe Botschaft, dass es keinen Autor gibt, sondern nur Diskurse, war dann, glaube ich, meine zweite Veröffentlichung *Die Austreibung des Geistes aus den Geisteswissenschaften* – ein vollkommen missverstandener Titel. Alle Leute glauben, es sei ein Bekenntnis zum methodischen Atheismus – weit gefehlt, das steht im Vorwort ausdrücklich drin –, ich treibe den Geist, im Namen der Geister, im Plural, aus. Das war dann sozusagen die Mannbarkeit, damit das Ende der Lehrjahre.

TILL NIKOLAUS VON HEISELER Aber dieser Weg vom Autor zum Diskurs, von der Psychoanalyse zur Diskursanalyse, also von Freud zu Foucault, ist ja schon im deutschen Idealismus und insbesondere bei Hegel gewissermaßen vorgezeichnet. Hegel ist der Erste, der das Kunststück fertigbringt, einerseits die Geschichte zu denken, die Entwicklung, und andererseits vom subjektiven Autor oder Akteur abzusehen. Und die Vorstellung des individuellen Autors wird von Hegel überwunden, indem er ihn als Agenten des Weltgeistes, also des Diskurses, wie dann später Foucault sagt, sieht – abzüglich Teleologie: Die hegelianische Teleologie fällt dann bei Foucault weg. Das ist eher eine Subtraktionsleistung: Kann man den Weltgeist – also die Vorstellung, dass es mehr gibt als den einzelnen Menschen und sein Bewusstsein, historische Entfaltung und so weiter – denken, ohne diesem Weltgeist selbst einen Überblick zuzutrauen? Kann man sagen, dass Hegel der erste Denker ist, der neuzeitlich vom Autor, vom Subjekt – anders eben als in Kants transzendentaler Linie – absieht?

FRIEDRICH KITTLER Könnte man vielleicht so sagen, ja. Das überrascht mich jetzt, aber ich finde es sehr überzeugend.

TILL NIKOLAUS VON HEISELER Die Abkehr vom kartesischen Subjekt – eine Mimikry der christlich *a priori* gegebenen Seele – würde also im Bruch zwischen Kant und

Hegel stattfinden. Aus dem gottgegebenen Geist und der ebenfalls gottgegebenen Vernunft wird Geschichte. Und wenn man nur ein einziges Kriterium zwischen religiösen Auffassungen und Wissenschaft zuließe, nämlich, dass in religiösen, aber auch magischen Vorstellungen das Absolute, der Geist, die Wahrheit *immer* schon vorhanden ist und in den wissenschaftlichen Theorien, der Geist usw. erst am Ende des Prozesses erscheint, dann ist Hegel, sehen wir mal von Anaximander ab, der erste Atheist. Und von Hegel zu Foucault verändert sich vor allem das Verständnis dessen, was Geschichte denn sei, und die Methode; an die Stelle der genialen Spekulation des Absoluten Idealismus tritt die Archäologie Foucaults, der Spuren und Lücken erforscht. Aber dennoch bleibt Hegel der erste neuzeitliche Denker, der vom individuellen Subjekt radikal absieht. Und auch seine Anthropologie, wenn man so sagen will, ist ja im Grunde genommen strukturalistisch, ein Strukturalismus *avant la lettre*. Denn das Selbstbewusstsein, das ja bei Hegel den Menschen ausmacht, ist ihm nicht gnostisch-christlich gegeben wie bei Kant, sondern es entsteht in einem Verhältnis, einer Relation, dem nämlich zwischen Herr und Knecht. Und die Autoren und historischen Figuren sind ja auch genau deshalb keine Monaden mehr, sondern nur Hilfskräfte des Weltgeistes.

FRIEDRICH KITTLER   Ich habe in den *Aufschreibesystemen* erheblich viele Sätze um den Sachverhalt gemacht, dass Hegel in der ganzen *Phänomenologie des Geistes* fast keine Eigennamen nennt, sondern die Eigennamen durch Denksysteme ersetzt. Ob das nun historische Eigennamen sind – wie Robespierre, der rausfällt, da es nur der absolute Schrecken ist, der in der Französischen Revolution waltet – oder ob es nun, wie man so blödsinnig sagt, fiktive Eigennamen sind – also Faust kommt ebenfalls vor, ohne genannt zu werden, er wird zitiert, wie auch Mephisto zitiert wird, und Antigone wird genannt, aber eigentlich ist sie die Gestalt aller Schwestern und *die* Schwester schlechthin. Diese Substitution von Eigennamen durch Begriffe ist vielleicht das, was mich an der Philosophie einerseits reizte und andererseits geärgert hat. Aus Gründen, die im vierten Akt zur Sprache kommen werden, blieb der Schreibtisch weiter der Schreibtisch, aber das übrige Wohn- und Esszimmer verwandelte sich zunehmend, während ich an den *Aufschreibesystemen* saß, mehr und mehr in eine Art Elektroniklabor. Zwischen diesen Aluminiumkästen, die sich der Arbeit am Werk verdankten, reift[e] irgendwann in mir der zweite Gedankenschritt: Also von es *gibt nicht nur Gedanken, sondern auch Wörter* zu es *gibt nicht nur Worte, sondern es gibt auch Medien,* in denen Worte beispielsweise erscheinen. Aber dieser Schritt verdankte sich im Grunde genommen den elektronischen Medien, mit denen ich meine ganze Freizeit verbrachte. Ich glaube, damit ist dieses Feld erst mal abgesteckt?

TILL NIKOLAUS VON HEISELER ~~Das exemplifiziert – kann man das so sagen? – gewissermaßen Ihre Methodologie; denn es sind eben nicht nur Gedanken, die man weiterspinnt, sondern es geht um mediale Praxis. Hierbei geht manchmal zweierlei durcheinander: dass wir Kulturtechniken in einer Zeit auf eine bestimmte Weise benutzen und die Semantiken davon geprägt werden. Wie eben aus dem Vokalalphabet die Tragödie und die Philosophie hervorgehen usw. usf. und dass das Medium andererseits zur Folie des Verständnisses des Menschen selbst wird. Seitdem es Computer gibt, glauben die Leute, dass unser Gehirn auch ein Computer sei usw. Aber beides ist ja zu unterscheiden: ob die Kulturtechniken die Aussagen und Narrationen ermöglichen und gestalten oder ob eine Kulturtechnik zur Metapher für den Menschen wird.~~ Hier – gewissermaßen zum krönenden Abschluss – wollen wir noch einmal in aller Deutlichkeit Ihre geistigen Lehrmeister benennen, die Stimmen, die mit Namen gekennzeichnet sind und die immer noch als Autoren bezeichnet werden. Welcher Denker ist denn für Sie in dieser Hinsicht die zentrale Figur? Ist es eher Lacan, ist es Foucault, Derrida?

FRIEDRICH KITTLER   Das hat geschwankt.
TILL NIKOLAUS VON HEISELER   Und was ist überhaupt das Besondere an diesen französischen Positionen? Überquerte der Weltgeist in den 60er Jahren den Rhein in westlicher Richtung, und wie kommt es dazu? Was bringen sie mit, was andere nicht haben, oder sind am Ende dann doch Heidegger, Nietzsche und Hegel die wichtigeren und grundlegenderen Denker für Sie?
FRIEDRICH KITTLER   Das hat immer geschwankt. Lange Zeit musste mir Foucault am nächsten stehen, weil er eben nach Maßgabe von Heideggers *Seinsgeschichte* die Neuzeit gegliedert hat und mir das vollkommen überzeugend erschien. Was mich dagegen immer entsetzt hat, war die historische Blindheit, die Ungeschichtlichkeit, bei Walter Benjamin, bei Theodor W. Adorno und eben leider auch bei meinem persönlichen Freund Jacques, bei Derrida. Wenn Sie die *Apotheke Platons – La pharmacie de Platon –* lesen, dann können Sie nur den Kopf schütteln darüber, was er alles nicht weiß. Und Foucault wusste eigentlich alles und hat vor allem als junger Mann so hinreißend schön über die Sirenen geschrieben, über Orpheus und Eurydike, sodass er mir, solange ich mich alleine in der Neuzeit herumtrieb, am nächsten stand – und jetzt, wo ich das klare Gefühl hab: Das geht so nicht, man kann einfach nicht Germanist sein, so wie man sich das früher vorgestellt hat. In seiner kleinen Schrift *Anmut und Würde* behandelt Friedrich Schiller den vierzehnten Gesang der Ilias, wo Zeus mit Hera auf dem Bergesgipfel schläft. Wenn man das als Germanist liest, dann ist Plato bloß mehr so ein vager Hintergrund, den Schiller sehr verzerrt, wenn man aber von Homer aus Schiller liest, dann fallen einem die Schuppen von den Augen, und man sieht plötzlich den *impact*, die Wucht, die die Stiftung der europäischen Dichtung selber gewesen ist, eine Wucht, die nie wieder eingeholt worden ist – also unser aller Herkunft. Deshalb bin ich vor exakt zwölf Jahren eben einfach wieder bei Heidegger gelandet, weil das Heideggers prägendste Erfahrung ist – und dafür *muss*

man geblutet haben sozusagen und sich eben auskennen bei den Griechen und auch ein bisschen sich auskennen im Mittelalter –, ich hab sehr viel über mittelalterliche Philosophen gearbeitet, was kein Mensch weiß und was viel Spaß gemacht hat und so eine Art von Küchenlatein einem schenkt. Wenn man dann zum Beispiel liest, dass im viel gerühmten *Ursprung des deutschen Trauerspiels* Walter Benjamin, indem er seinen Freund Florens Christian Rang missversteht, davon redet, dass die griechische Tragödie im Amphitheater aufgeführt worden sei, dann krieg ich einfach einen Wutanfall darüber, dass das Scheitern dieser Habilitationsschrift heute noch beweint und beklagt wird. Es ist nichts falscher, als zu behaupten, dass das griechische Theater ein Amphitheater gewesen sei. Das ist eine römische Verbrechererfindung, um Gladiatoren und Christen und Löwen umzubringen, und hat mit der griechischen Tragödie nicht das Geringste zu tun. Also diese Polemik liegt mir sehr am Herzen, und das möchte ich auch so herüberbringen.

TILL NIKOLAUS VON HEISELER Das Theater, so sagt man, hatte ja in Athen eine ganz wichtige Funktion. Das Theater, das eben als Staatstheater beginnt …

FRIEDRICH KITTLER Ja.

TILL NIKOLAUS VON HEISELER und in meinem Buch …

FRIEDRICH KITTLER … in Ihrem Buch, ja?

TILL NIKOLAUS VON HEISELER … da sagte ein Theatermensch, ein ehemaliger Freund von Heiner Müller, dass Theater eine ganz wichtige Funktion für die Demokratie gehabt hat.

FRIEDRICH KITTLER Das höre ich absolut ungern, da werde ich fuchsteufelswild. Das sagt jeder dahergelaufene Professor.

TILL NIKOLAUS VON HEISELER Und was mir dazu eingefallen ist, wenn man jetzt hier von etwas Neuem sprechen will, dass also das Theater an den althergebrachten Epistemen feilt, dann ist doch der Unterschied zu den archaischen Bräuchen, *dass es die Rolle gibt*. Die Rolle gibt es tatsächlich: als materielle Schriftrolle, und mit dieser ist die Differenz markiert zwischen dem Dargestellten und dem Darsteller, also dem Helden und dem Schauspieler. Und die Rolle also hat eine doppelte Bedeutung: einerseits ist es die Schriftrolle, die Schauspieler und Held auseinanderstemmt, und eben andererseits das, was wir Rolle nennen, genau eben diese Distanz: Da spielt jemand eine Rolle.

FRIEDRICH KITTLER Das ist der Punkt.

TILL NIKOLAUS VON HEISELER Also der Mythos wird aufgeführt. Aber nicht von einem Magier oder einem Medium, das von einem Gott ergriffen ist. Das macht den Unterschied zwischen den magisch-tribalen Gesellschaften und den Gottkönigen der ersten Hochkulturen einerseits und andererseits Athen aus. Es besteht diese Distanz und sie ist mit der Schriftrolle materiell vorhanden, und das wird eben auch noch einmal betont durch die Nennung der Autoren, die sich in einem Wettstreit befinden und die um den Preis konkurrieren. Die symbolische Kurzschrift für die Rolle – also die Schriftrolle – ist der Name des Autors, den das Publikum kennt und während der Aufführung mehr oder weniger im Kopf behält. Die Schrift ermöglicht damit die Rolle; dass eben jeder Schauspieler seine eigene Schriftrolle bekommt und sie allein, zu Hause, lernen kann, das setzt die Vokalschrift voraus, denn nur diese kann man allein studieren, wie ich von Ihnen lernen durfte, und damit ist sie auch die Voraussetzung dafür, dass der Dichter mit seinem Namen auftaucht und seine Leistung, die Leistung der Gestaltung – Überschuss der Dichtung über den Mythos – in Erscheinung tritt. Und die Rolle ist nunmehr ein Teil des Stückes: ein Part.

FRIEDRICH KITTLER Das ist doch viel schöner. Es geht ums Lesenlernen und um das Begreifen, was Schreiben ist. Und dass man Schrift auswendig lernen kann und laut aufsagen kann als Schauspieler. Die Rolle im Sinne der Papyrusrolle. Die siebzehntausend Athener – und Athenerinnen wohlgemerkt – erleben, dass die Schauspieler lesen können und Noten lesen können und dann auch tanzen und singen können. Und die Schrift ist in ihrer

Abwesenheit präsent.

TILL NIKOLAUS VON HEISELER   Und ja diese Geschichte mit der Demokratie wollte ich nur vorausschicken ~~— verzeihen Sie, wenn ich mit dieser Banalität ihre Ohren beleidigt habe —~~, denn die Schwelle, an die nun das Wissen gelangt und die das Auftauchen des Vokalalphabets ausmacht, zeigt sich den Bürgern im Theater. Es sind also nicht die Semantiken, die sich aus sich selbst entwickeln, sondern es geht um das Zerschneiden des magischen Bandes, die Auflösung des Präsenz-Denkens. Und das Präsenz-Denken beginnt – dies in Richtung Derrida gesprochen – nicht erst mit der Metaphysik, sondern ist seinem Wesen nach magisch, und die Magie gibt bis in die Hochkulturen Mesopotamiens und Ägyptens den Ton an. Und deshalb sind die großen Zerstörer dieses Präsenz-Denkens nicht, wie Derrida annimmt, das Zeichen, sondern das Theater und das Vokalalphabet, wo das Zeichen als Zeichen und eben bezogen auf die Rede und nicht auf die Dinge erstmals erscheint und ins Bewusstsein tritt. Der Gott-Herrscher zerfällt später in Regierung und geschriebene Gesetze, denen jene folgen muss und die auch Regeln, wie der Herrscher die Macht erlangt, enthalten, und dieses Auseinanderfallen ist eigentlich nur eine Kopie des Auseinanderfallens von Held und Schauspieler im Theater, hinter dem auch ein Text steht, und genau eben dieser Text, die Schriftrolle, ist der Abstand und genau so, wie der beste unter den Dramatikern gewählt wird, so wird der beste Gesetzgeber gewählt in der Demokratie. Und nun gibt es eine strukturelle Ähnlichkeit zwischen dem Schauspieler und dem Helden einerseits und dem Politiker und seiner Rolle andererseits. Also diese Distanz, die sich eben vom Charisma – also der Macht einer Präsenz – unterscheidet und Bürokratie hervorbringt. Und deshalb hat natürlich auch Brecht Unrecht, wenn er ausgerechnet das *Aristotelische Drama* dem *Epischen Drama, dem Drama mit Rollendistanz, entgegensetzt.*

FRIEDRICH KITTLER   Absolut.

TILL NIKOLAUS VON HEISELER   Um dies nun wieder ein-

zufangen in diesen Akt, in die Lehrjahre: Es sind eben
nicht immer nur die Semantiken, an die man anschließt,
sondern Sie haben tatsächlich Schaltungen gebaut
und dies hat dazu geführt, dass Sie sich selbst und das
Denken anders gedacht haben, so eben wie die Athener
Bürger durch das Medium des Theaters – und letztlich
der Schrift – das Politische neu denken konnten. Und das
ist doch wunderbar, dass das so ineinandergreift; dass
Sie also sagen, die Medien schreiben an unserem Denken
mit, und dieser Gedanke wiederum durch die Arbeit an
und mit Medien geboren wurde. Und da kann man auch
den Ausgangspunkt Ihrer Lehrjahre wieder hineinweben,
nämlich Heidegger, der *nicht das Seiende vom Menschen
her, sondern das Menschsein aus dem Seyn gegründet*[8]
sieht. Und nun noch eine ergänzende Frage zu den
geistigen Vätern. Wenn wir von Foucault sprechen, dann
sprechen wir wahrscheinlich von der *Archäologie des
Wissens* und von der *Ordnung der Dinge*?!

FRIEDRICH KITTLER *Ordnung der Dinge* ...

TILL NIKOLAUS VON HEISELER *Ordnung der Dinge – Les
mots et les choses*, ich glaube 1966 erschienen – mit dem
Untertitel: *Une archéologie des sciences humaines* – was
sagt uns dieses Buch, oder was sagt Ihnen das Buch, vor
allem zu dieser unserer Zeit?

FRIEDRICH KITTLER »Der Mensch ist ein in den Sand
gemaltes Gesicht, das vom Ozean ausgelöscht sein
wird«[9] – ist der zweitschönste Satz und der allerschönste,

---

8 »Jetzt aber ist not die große Umkehrung, die jenseits ist aller ›Umwertung aller Werte‹, jene Umkehrung in der nicht das Seiende vom Menschen her, sondern das Menschsein aus dem Seyn gegründet wird.« Martin Heidegger: *Beiträge zur* Philosophie (vom Ereignis), HGA Band 65, Klostermann, Frankfurt a. M. 2003, S. 184. – Dies wird insbesondere auch in der phylogenetischen Sicht deutlich, denn das System, in dem der Mensch als Gattung entstand, ist älter als er selbst.

9 Oder wie es weniger mehrdeutig am Ende des großen Buches heißt: »Wenn diese Dispositionen verschwänden, so wie sie erschienen sind, wenn durch irgendein Ereignis, dessen Möglichkeit wir höchstens voraussahen könnten, aber dessen Form oder Verheißung wir im Augenblick noch nicht kennen, diese Dispositionen ins Wanken gerieten, wie an der Grenze des achtzehnten Jahrhunderts die Grundlage des klassischen Denkens es tat, dann kann man sehr wohl wetten,

den niemand zitiert, steht zwei Seiten weiter vorne:
»Les dieux nouveaux, les mêmes, gonflent déjà l'océan future« – »Neue Götter, dieselben, schwellen schon den künftigen Ozean auf«, und das ist, glaub' ich, das, was wir alle denken, *die Wiederkehr der Götter*, seit Hölderlin und Hegel – ob das denn möglich wäre, verstehen Sie? Wie können wir die monotheistische Katastrophe abwenden, zurückbiegen, ins Heile verwinden – sind ja viele gute Christen und Juden und Moslems auf dieser Welt gewesen und sind es auch jetzt, aber die Annahme, dass ein einziger Gott die Welt – seit dem Mittelalter heißt das aus dem Nichts – geschaffen hat, ist doch so absurd, weil völlig klar ist, dass alle Mythen von Autochthonie in Athen und alle Mythen eines einzigen Schöpfergottes bloß die Tatsache vernebeln und verhüllen sollen, dass jeder von uns zwei Eltern hat. Und dass es Göttinnen gibt, nicht nur Götter. Heidegger hat es Zeit seines Lebens nicht zu publizieren gewagt, aber es gibt einen langen Text von ihm, in dem er über Göttinnen redet, über Aphrodite.

Stille.

FRIEDRICH KITTLER   Vielleicht gibt's wieder eine gute Frage ....

TILL NIKOLAUS VON HEISELER   Die gute Frage ist genau jene, vor der wir hier und jetzt gemeinsam stehen, und sie lautet: Wie können wir das alles nachvollziehbar erzählen – auch für jemanden, der nicht sein Leben in den, sagen wir mal, Geisteswissenschaften verbracht hat und Hegel nicht kennt und Lacan nicht kennt und Foucault und Derrida auch nicht. Aber vielleicht ist das ja auch alles schon gesagt worden – in diesem Dreischritt. Zunächst der Begriff, der sich selbst denkt und im Idealismus, also bei Hegel, nur sehr bedingt in der Zeichendimension gedacht wird, also

---

daß der Mensch verschwindet wie am Meeresufer ein Gesicht im Sand.« Michel Foucault: Die Ordnung der Dinge. Eine Archäologie der Humanwissenschaften (Les mots et les choses, 1966). Aus dem Französischen von Ulrich Köppen. Frankfurt am Main: Suhrkamp, Seite 462

gewissermaßen bedingungslos – ~~allerdings gibt es ja auch eine Semiotik bei Hegel in der~~ *~~Enzyklopädie der philosophischen Wissenschaften,~~* ~~die dann Derrida wieder aufnimmt in~~ *~~der Schacht und die Pyramide~~*. Das ist sozusagen der schon vorgefundene Idealismus der Geisteswissenschaften. Und die zweite Ebene, also Ihr erster eigenständiger Schritt, besteht eben in der Erkenntnis, dass der Begriff ohne Wörter schlechterdings nicht möglich wäre, also die Wendung zum Signifikanten ~~und eben das Wissen darum, dass man Diskurse analysieren kann und die entscheidende Referenz weder in der Intention oder der Psyche des Autors liegt noch in den sogenannten sozialen Umständen, in denen Texte entstehen, sondern dass Diskurse sich immer nur auf andere Diskurse beziehen, und wenn es hier eine Erkenntnisfunktion gibt, die sich auf eine Positivität bezieht, dann eben nur auf die materiellen und strukturellen Diskursbedingungen, die sogenannten Dispositive, zu denen auch die Sprache selbst und die Struktur der Signifikanten gehört~~. Und diese Signifikanten erscheinen ja – und das wird oft übersehen, weil ja niemand mehr dichten kann – im Klang, im Metrum und im Rhythmus der Sprache. Und ein entscheidender Punkt, eine Erfahrung, die man macht: dass sich die Gedanken in das Metrum beugen. Insbesondere natürlich bei einfacher Metrik, bei Hexameter und Blankvers. Das Denken erlebt man dann jäh in einer vorgefertigten Form, in einer Konvention, die ja von außen kommt und nicht aus der transzendentalen Seele. Das findet auch in jeder Persiflage statt. Und das ist ja auch schon der halbe Weg zu einer Medientheorie oder zu einer Theorie der Materialität der Dichtung – und dann, davon abgeleitet, des Diskurses –, dass der dichterische Gedanke in seiner Sinnlichkeit erscheint.

FRIEDRICH KITTLER   Genau.

TILL NIKOLAUS VON HEISELER   Und so ist eben das Dichten und Persiflieren einerseits und das Löten und Programmieren andererseits – zweierlei und doch eins: nämlich die Voraussetzung des Denken-Könnens eines Mediums.

FRIEDRICH KITTLER   Da haben Sie vollkommen Recht.

TILL NIKOLAUS VON HEISELER Das also war der Anfang, und was würden Sie als Ende der Lehrjahre kennzeichnen wollen?

FRIEDRICH KITTLER Am buchstäblichen Ende meiner Lehrjahre standen vierzehn Tage in einem österreichischen Alpendorf, wo ich als junger Assistent einem berufenen Professor sekundieren sollte. Dieser Professor wollte den Doktoranden noch mal Habermas beibringen, und ich hatte heimlich auf meiner Schreibmaschine Jacques Lacans frühesten Aufsatz, etwa hundert Seiten, ins Deutsche übersetzt und habe den dann in diesem Seminar verteilt. Und prompt sind alle übergelaufen. In Berkeley wird momentan – habe ich mich informieren lassen – diskutiert, wie eigentlich der französische Poststrukturalismus ans Deutsche Seminar nach Freiburg gekommen sei: in Gestalt der beiden Herren Friedrich Kittler und Klaus Theweleit – in umgekehrter Namensnennungsreihenfolge. Ich darf das korrigieren und hiermit zu Protokoll geben, dass der Klaus Theweleit kein Wort Französisch übersetzen kann, sondern immer erst auf die Suhrkamp-Übersetzungen warten musste, die ja grauenhaft sind, z.B. im Fall Foucault, während ich eben Foucault und Lacan aus eigenem Antrieb übersetzt und gedruckt habe, als das noch kein Mensch kannte. Das war sozusagen die Fortsetzung meines Traums vom Romanistik-Studium und einer romanistischen Promotion, und deshalb ist eben der Poststrukturalismus im Romanischen Seminar in Freiburg ausgebrochen und keineswegs im Deutschen Seminar.

TILL NIKOLAUS VON HEISELER Wenn man viel Lyrik liest, dann weiß man ja auch, dass einem die Worte nicht gehören, sondern dass sie aus der Tradition, der Dichtung stammen. Und man verwendet sie eben genauso, wie man es in einem dichterischen Konzept gehört hat, man leiht sie sich, um sie dann wieder weiterzugeben. Und der entscheidende Punkt scheint mir nun, dass man in dieser Konstellation eines lauschenden Ichs und der sprechenden Dichtung zur Sprache überläuft, indem man das, was man Geist nennt, nicht sich selbst, sondern der Sprache zuordnet. Man hat nur Anteil an einem großen Gesang, bestenfalls. Agent des Weltgeistes oder sein Mund: *ich kreise weder um Mitte noch Turm und ich kreise jahrtausendelang; und ich weiß noch nicht: bin ich ein Falke, ein Sturm oder ein großer Gesang.*[10] Und wenn man so gut griechisch könnte wie Hölderlin, dann spürte man die ganze Weite der Tradition. Aber diese Signifikanten sind gleichzeitig auch in der Welt, sie haben eine materielle und damit kulturtechnische Grundlage und Begründung. Was ist das Geheimnis dabei?

FRIEDRICH KITTLER Das ganze Geheimnis ist – man kann das mit einem schönen, weisen Scherz des alten Pythagoras, des Schülers, des Gründers dieser Schule der Pythagoreer, sagen: Zwischen den Alten und den Jungen läuft es immer ganz schlecht. Zwei Eltern können beide wahnsinnig schön sein und können sich anstrengen, so sehr sie wollen, es ist nicht garantiert, dass sie ihre Schönheit weitergeben können an ihre Kinder. Oder das Gegenbeispiel: Alte Leute herrschen so lange, wie sie können, aber irgendwann müssen sie ihre Macht den Jüngeren abgeben: Beides aber sind Verlustrechnungen. Dagegen die Sache mit der Weitergabe von Wissen, mit der Bildung, wie es auf Griechisch heißt: die Alten geben, die Jungen nehmen – alle gewinnen dabei. Und das ist, glaube ich, diese Aufgabe, die sich uns allen stellt, wenn wir die Universität am Leben erhalten wollen, statt sie in *Pisa-Studien* und *Bologna* aufgehen zu lassen, dass wir einfach die Worte der Toten weitergeben als lebendige Worte an die Kommenden. Das setzt voraus, dass man eigentlich immer dankbar ist und Namen nennt und sich nicht als Eigendenker stilisiert, denn das ist die Illusion selbst. Ich glaube, das hat mich unterschieden von den Poststrukturalisten und solchen Leuten in Deutschland,

---

10 Übermalung eines Rilke-Gedichts: [...] Ich kreise um Gott, um den uralten Turm / und ich kreise jahrtausendelang; / und ich weiß noch nicht: bin ich ein Falke, ein Sturm / oder ein großer Gesang (Rainer Maria Rilke, 20.9.1899, Berlin-Schmargendorf).

in Amerika wie in Frankreich, dass ich mich, soweit es ging, an Sachverhalte und gesagte Sachen halte.

TILL NIKOLAUS VON HEISELER   Das ist ein schöner letzter Satz für den ersten Akt. Dies war der erste Akt, in dem Friedrich Kittler von seinen Lehrjahren sprach. Wir haben hier versucht auszumachen, was die Grundlagen waren, auf unterschiedlichen Ebenen, auf der Ebene der Theorie, welche Autoren man lesen konnte, wenn man französisch lesen konnte. So waren die Lektüren Ihrer Jugend – also Heidegger und Nietzsche – und die Lektüre ihrer ersten Studienjahre – also Hegel – eine fabelhafte Voraussetzung für das Einlassen auf dieses neue französische Wagnis, diesen Aufbruch, den man sich [an]gewöhnt hat, die *Postmoderne* zu nennen. Doch genau der zweite Impuls, der von Saussure kam, der sogenannte *linguistic turn* – wenn ich das noch sagen darf – hat ja in den Figuren Roman Ossipowitsch Jakobsons und Levi-Strauss' den Umweg von Genf über Moskau und New York nach Paris genommen und ist dabei aufgeladen worden mit dem ganzen kybernetischen Plot, einschließlich der Entwicklung der Kryptografie im Zweiten Weltkrieg. Und dann auf der anderen Seite der Kreis um Kojève, der in den 30er Jahren seine Hegelvorlesungen hielt, und Georges Bataille, Jacques Lacan, Pierre Klossowski und Maurice Merleau-Ponty. Und auch Michel Foucault und Jacques Derrida haben ja Kojèves *Hegel* gelesen. Und das alles kommt dann auf Sie. Was das alles für Zufälle und Unwahrscheinlichkeiten sind! Und dann die biografische Ebene, die uns die Sensibilität für all dies erklären soll, die Aufnahmebereitschaft, jenseits der Kenntnis der französischen Sprache: Der Vater, der *Sein und Zeit* beginnt, aber nicht zu Ende bringt. Die Demütigung im philosophischen Seminar, nicht über die Metaphysik und Ontologie promovieren zu dürfen. Die Nähe zu den Büchern einer Bibliothek, ein weiterer Zufall. Und die geistige Nähe zu Frankreich, das Beherrschen der französischen Sprache. Und dann die dritte Ebene, die medienhistorische, nämlich die Tatsache, dass es zwar das

Grammophon, den Phonographen, die Sprechmaschine und den Film schon seit den 70er bzw. 90er Jahre des 19. Jahrhunderts gab[11], dass aber die Fortführung und Nachfolger dieser Geräte als Tonbandgerät und Super-8-Kamera in Ihrer Jugend erstmals erschwinglich wurden und eine neue Unsterblichkeit in technischer Form in Erscheinung trat. Da sieht man natürlich auch wieder, dass das Verständnis des Mediums, insbesondere das epistemische Verständnis des Mediums, eher mit dem Tun verknüpft ist als mit dem passiven Konsum. In dem Augenblick, in dem ich selbst einen Filmstreifen belichte, ihn entwickeln lasse und wieder projiziere, bekomme ich ein ganz anderes Verhältnis zum Medium und dasselbe gilt für das Aufnehmen der eigenen Stimme. Und wir haben ihren Schritt zur Medientheorie, zu Ihrer Medientheorie, als Dreierschritt erklärt: Der Schritt vom Gedanken zur Sprache, die Drehung zum Signifikat und dem Positiven der Rede, und dann von der Sprache zur Medientheorie, inspiriert von dem Arbeiten und Werkeln an Schaltkreisen und elektronischen Medien. Auf der ersten Ebene ist also das Bewusstsein bei sich selbst und verdankt sich mit Hegel der Reflexion oder, wie Hegel sagt, der Negation, auf der zweiten Ebene kommt es zum Begriff des Zeichens, und dann die dritte Ebene, auf der festgestellt wird, dass Worte, Sprache, Schrift immer auch eine mediale Grundlage haben. Und das wirklich Spannende für mich ist, dass dies im Namen des Poststrukturalismus geschieht, wo es um Sprache geht und dass dies alles auf einen Relativismus und eine Entmaterialisierung hinausläuft; Strukturalismus, Konstruktivismus und so weiter und zu einem guten Teil auch die Systemtheorie Niklas Luhmanns sind ja Effekte und Variationen der Wendung

---

11 Der Phonograph wurde im Winter 1877/78 von Thomas Alva Edison erstmals vorgeführt und patentiert. Die erste nachweisliche öffentliche Filmvorführung vor einem zahlenden Publikum fand am 1. November 1895 im Berliner »Wintergarten«, Potsdamer Straße 96, statt. Zwei Jahre zuvor hatte Edison auf der Weltausstellung in Chicago das Kinetoskop vorgestellt, in Form eines Schaukastens, in dem immer nur eine Person kurze Filme betrachten konnte.

zur Sprache. Das Medium als das Andere des Geistes zu denken, als etwas Reales und Technisches, ist aber eben ganz konträr zu diesem linguistischen Relativismus. Und genau dafür sind Sie eben auch angegriffen worden, worauf wir im III. Akt zu sprechen kommen, auf die *Anfechtungen*. Denn der akademische Mainstream war und ist: dass wir uns immer nur gegenseitig auslegen und Textexegese betreiben können und Realität eigentlich nur noch dadurch bestimmt ist, dass möglichst viele an sie glauben. Dieses unsägliche Konzept des Intersubjektivismus. Aber dennoch – trotz aller Betonung der realen Medien – gibt es ja dann doch wieder Gedanken, auch wenn diese durch Worte bedingt sind und die Worte durch die Kulturtechniken des Lesen, Schreibens und Druckes. Was für ein Glück!

FRIEDRICH KITTLER Zum Abschluss: Einer der erbärmlichsten Tage meines Lebens war in der wunderschönen weiß-grün-goldenen Wiener Sezession. DD, Diedrich Diederichsen, hatte seine ganze *Spex*-Redaktion versammelt, rund um mich herum, wie in einem Kläger-Tribunal, und ich saß oben und musste mich verteidigen: gegen den Vorwurf, warum ich denn Adorno verraten hätte und zu Heidegger übergelaufen sei. Dabei habe ich Heidegger mit 17 gelesen und Adorno mit 25 oder 30, also von Verrat an den linken Idealen, die mein Jugendwerk geprägt hätten, kann überhaupt keine Rede sein.

TILL NIKOLAUS VON HEISELER Vorhang!

backstage 01

TILL NIKOLAUS VON HEISELER Puh! Entspannen wir uns kurz. Wie lief es denn so für Sie?
FRIEDRICH KITTLER Wie lief das?
TILL NIKOLAUS VON HEISELER Für mich ist das ein wenig ungewohnt, weil Sie ja so von allein losgaloppieren. Sie schmeißen die Show ja praktisch allein. Sonst habe ich eine viel engere Struktur und weiß auch oft schon viel genauer, was der andere sagen wird. Die meisten erzählen ja das noch mal, was sie in ihren Büchern schon geschrieben haben, und mir bleiben dann nur Prägnanz und Struktur als Dimension. Aber Sie überraschen mich ständig, und ich höre so viel Neues, dass ich gar nicht so richtig weiß, wo ich Paraden geben soll und wo ich die Zügel lieber schießen lasse. ~~Es ist also einerseits sehr viel leichter als mit jemandem, der Stück für Stück einfach nur die Fragen in bekannter Manier beantwortet, andererseits habe ich Angst, im falschen Moment einzugreifen. Und dann interessiert mich das, was Sie sagen, plötzlich so sehr, dass ich alles vergesse und selbst viel zu viel rede, einfach weil es mich begeistert. Und dann mit dem Theater, diese Theater-Aberration, da dachte ich kurz, dass ich mich vergaloppiert hätte. Aber Sie hatten das Theater erwähnt und da wollte ich Ihnen meine Entdeckung, die ja in Ihrem Sinne sein muss, zum Besten geben. Also das~~

mit der Rolle. Und dann war die Kurve doch etwas spitz
zu den Lehrjahren zurück. Ist das so in Ordnung oder
sind meine Fragen zu speziell?

FRIEDRICH KITTLER   Natürlich ist es in Ordnung.

TILL NIKOLAUS VON HEISELER   Als wir gerade über Begriffe und Worte geredet haben, da habe ich gedacht, dass man ja vielleicht das mit der von Lacan kommenden Unterscheidung zwischen dem Symbolischen und dem Imaginären behandeln könnte, dass der Gedanke unter Umständen eher mit dem Imaginären zusammenhängt und das Wort, das geschrieben ist und diskret codiert ist, mit Hilfe von Buchstaben, eigentlich dem Symbolischen zuzuordnen wäre, wenn man die Rezeption abzieht – wenn also Maschinen Sender und Empfänger wären. Und dass der Begriff immer beides umfasst.

FRIEDRICH KITTLER   Ja sicher, es gibt ja zwischen dem Symbolischen und dem Geschriebenen bei Lacan eine ganz enge Verbindung und das Signifikat, der Teil des Begriffs, das gehört eben ins Imaginäre; was wir uns bei den Worten denken, das ist vage und heikel. Es gibt bei Lacan noch eine dritte Kategorie, die im Laufe seines Älterwerdens immer wichtiger hervortrat, nämlich das Reelle, wie ich das übersetze …

TILL NIKOLAUS VON HEISELER   *flüsternd* Reale.

FRIEDRICH KITTLER   Über die Gründe, warum ich *reell* sage und nicht *real*, brauchen wir jetzt nicht lang zu reden …

TILL NIKOLAUS VON HEISELER   Doch, doch … das hat mich beschäftigt …

FRIEDRICH KITTLER   Ja, weil in der Geometrie von René Descartes diese Opposition aufgemacht wird, und wenn Lacan irgendjemanden gut gelesen hat, dann hat er Descartes gelesen. Es geht eben um die Unterscheidung von Wurzeln, deren Lösung eine reelle Zahl ist, und Wurzeln, deren Lösung eine imaginäre Zahl ist. Etwas, das es nur als spekulatives Objekt gibt oder wenn man bestimmte Zahlenoperationen macht. Deshalb hat mein Deutsch das so festzuhalten versucht. Das heißt in der Mathematik eben reell und nicht real, die reellen Zahlen. Von diesem Reellen hat Lacan relativ spät gesagt: *Die Götter sind nicht in der Dimension des Symbolischen, wie ihr Idioten, meine Schüler, immer geglaubt habt, sondern die Götter sind im Reellen, das heißt, es sind die Tiere* – eine Einsicht, die auch der Fürst von Lampedusa in einer wunderschönen Erzählung *Die Sirene* gehabt hat. In der Odyssee liegt das ja völlig auf der Hand: Circe ist eine Göttin und verwandelt Menschen in Schweine und andere Tiere. Calypso – ist die Doppelgängerin der Circe, ebenso eine Göttin – bietet dagegen dem Odysseus an, ihn in einen Gott zu verwandeln. Das sind die beiden Optionen, die man hat, wenn man den Monotheismus verlässt …

TILL NIKOLAUS VON HEISELER Wenn also die Götter das Reale sind und die Götter den Menschen in Tiere verwandeln können oder in Götter, dann kann das Reale uns in Götter und Schweine verwandeln, und dies sage ich, ohne es eigentlich zu verstehen oder eine Vorstellung zu haben davon, was ich eigentlich sage, denn es gibt ja symbolische Prozesse, wie eben Schlussfolgerungen, die zwar symbolisch sind, aber ohne Vorstellung, ohne Imagination arbeiten. ~~Wenn man zwei Gleichungen hat mit zwei Unbekannten, dann kann man eine der Unbekannten herausstreichen und ersetzen.~~ Es ist demnach möglich, mit Leerstellen zu rechnen, und das Leere an diesen Leerstellen ist die Abwesenheit einer Vorstellung. ~~Kants Ausspruch, dass Begriffe ohne Vorstellung leer seien, kann man ja auch als freudige Erkenntnis verbuchen, dass es nämlich dem Menschen möglich sei, zur Maschine zu werden, und sich eben wie eine Maschine zu verhalten, im Rechnen oder anderen diskreten Prozessen. Ich bin mal mit einer Band aufgetreten als Sänger und Texter, das war so im Umfeld von *Minus Delta t*, mit den Leuten, die später das *Van Gogh TV* auf der *documenta IX* gemacht haben, und unser Hit war *Maschinen haben immer Glück* und handelte eben vom Glück, zur Maschine zu werden. Das war in den frühen Achtzigern.~~ Das Symbolische müsste Ihnen in diesem Sinne näher sein als das Imaginäre, nicht wahr?

FRIEDRICH KITTLER Ich hab' eigentlich immer versucht,

unter Umgehung des Imaginären, also des Spiegels und der Spiegelstadien, direkt zwischen dem Reellen – also dem, was bei Lacan der Leib ist, im Wesentlichen – und dem Symbolischen eine Art von Kurzschluss herzustellen, so wie es eben in der besagten Staatsarbeit einen Kurzschluss zwischen dem Rubin und dem Blut gab, wenn Sie denn Blut für Bewusstsein oder Geist usw. und Tränen nehmen und die Edelsteine, unvergänglich, auf der anderen Seite, was heute in Form des Siliciums erscheint. Die ganze Operation machte nur Sinn durch einen syntaktisch entscheidenden Trick, den ich mir methodisch angewöhnt und richtig angezwungen habe als junger Mann: Einfach die reflexiven Pronomina zu vermeiden, also genau dieses kleine Worttierchen zu vermeiden, auf das Adorno sein ganzes Lebenswerk gegründet hat: das Wort *sich*. Der Geist denkt *sich*, und: es ereignet *sich*. Ich habe einfach geschrieben: es geschieht. Schwupps, war das *sich* weg und auch das *ich* war verschwunden; und diese ganze reflexive oder transzendentale Illusion, es könne jemand sich selber denken oder sich selber erfahren ... Ich habe eigentlich immer nur an transitive Relationen geglaubt: *Ich* liebe *Dich*, *Du* liebst *mich* – wenn alles gut geht. Die Eigenliebe wäre genau diese Form der Adorno-Reflexion, die immer eine trügerische Reflexion ist und keine Philosophie, weil sie sich eben auch nicht in die Geschichte der Philosophie richtig erzählbar einschreibt, sondern bestenfalls von Kant eine vage Ahnung hat und sich als Hegel-Reprise darstellt – ich bin zu polemisch heute Nachmittag, ich weiß.

TILL NIKOLAUS VON HEISELER Das Streichen des *sich* ist ja genau das: Hegel gegen Kant. Wobei ich nicht sehe, dass es grundsätzlich keine Selbstreflexion geben kann, sondern dass diese eben nicht durch sich selbst oder *an sich* gegeben ist, sondern dass es zunächst um einen Kampf um Anerkennung geht. Es braucht nicht nur die Sprache, sondern auch den anderen, wie uns Hegel im Selbstbewusstseinskapitel [der *Phänomenologie*][12] lehrt. Also die Voraussetzung für die Selbstreflexion ist, dass jemand anderer einen denkt oder nennt oder anruft. *Das Selbstbewusstsein ist nur insofern an und für sich, als es für ein Anderes ein Anerkanntes ist;*[13] kurz: als hegelianisches *an und für sich,* das durch das Für-Andere hindurchgegangen und wieder zurückgekommen ist, würde mir die Selbstreflexion schon einleuchten. *Je est un autre* – streng nach Rimbaud, wo also einer Ich sagt, zeugt er davon, dass jemand Du gesagt hat. Also ... Aber lassen Sie uns das lieber für den nächsten Akt aufsparen und lieber nicht so viel Theorie reden, wo wir hier zwischen den Akten und – in unserer Vorstellung zumindest – ungehört zusammensitzen. Wie ging's so mit mir? ~~Habe ich die richtigen Fragen gestellt?~~

FRIEDRICH KITTLER   Ja, natürlich geht es gut – ja.

TILL NIKOLAUS VON HEISELER   Übrigens habe ich noch ein kleines Zitat gefunden von Ihnen, eine Bemerkung, und ich habe leider vergessen, sie einzufügen, als wir im ersten Akt über Lacan gesprochen haben, und zwar: Sie sagen irgendwo, dass man das Symbolische bei Lacan kurzschließen könne mit dem nachrichtentechnischen Begriff der Information.

FRIEDRICH KITTLER   Das macht ja Lacan selbst.

TILL NIKOLAUS VON HEISELER   Das macht Lacan selbst?

FRIEDRICH KITTLER   Ja.

TILL NIKOLAUS VON HEISELER   Der erwähnt Shannon?

FRIEDRICH KITTLER   Das heißt bei ihm: die Nachrichtentechniker und die Ingenieure. Der wesentliche Beitrag von Shannon zur Nachrichtentheorie ist ja, dass er – anders als seine beiden großen Vorgänger – das bei jeder Nachricht notwendige Rauschen mit bedacht hat. Fou-

---

12   Georg Wilhelm Friedrich Hegel, *Phänomenologie des Geistes,* B. Selbstbewusstsein.

13   Richtig heißt es: »Das Selbstbewußtsein ist *an* und *für sich,* indem, und dadurch, daß es für ein Anderes an und für sich ist; d.h. es ist nur als ein Anerkanntes.« Ebenda, erster Satz des Abschnittes: A) Selbstständigkeit und Unselbstständigkeit des Selbstbewusstsein; Herrschaft und Knechtschaft.

cault hat deshalb prompt einen kleinen, hübschen Fünf-Seiten-Aufsatz geschrieben, *Nachricht und Rauschen*, und den Ärzten geraten, die Kranken nicht als »Seelen« humanistisch anzugehen, sondern die Krankheit, das Symptom, als Botschaft zu sehen, die aus dem Rauschen herausgefiltert werden muss vom Arzt – tolle Idee. Bloß um einmal zu belegen, dass diese Franzosen die amerikanische Technikdiskussion viel intensiver rezipiert haben, als das oft wahrgenommen wird. Und Lacans Spiele mit Markov-Ketten sind ja verbunden mit dem Herzstück von Shannons Informationstheorie.

TILL NIKOLAUS VON HEISELER Und dann – ach ja, das habe ich mir auch noch überlegt, dass die Kamera ein 22-, 23-jähriges Mädchen ist, dass sie die Adressatin, die erste Adressatin ist. Der Adressat schreibt ja immer auch an der Aussage mit. Wenn wir darüber sprechen, wie wir das Gespräch führen, dann sind wir aufeinander bezogen. Doch wenn dann das eigentliche Gespräch beginnt mit der ersten inhaltlichen Frage, dann wird die Kamera zum Adressaten und die Vorstellung dieses Adressaten – ~~der eigentlich offen ist und unabgeschlossen, weil immer wieder weitere Leute die Aufzeichnung sehen, hören oder lesen können~~ – verändert unser Sprechen. Die Figur des Dritten kommt ins Spiel. ~~Wer ist die Kamera, und was ist ihr Versprechen?~~ Es geht also auch um Inszenierung, um den imaginären Adressaten – wen stellen wir uns vor, wenn wir sprechen? –, um die Bedingungen und den Rahmen eines Gespräches. Und dieses Unbewusste des Adressaten, das heimlich und nicht immer in unserem Sinne mitwirkt, versuche ich mit der spielerischen Bestimmung des Adressaten – eine Technik, der man ihre Herkunft aus der Schauspielerei ansieht – produktiv zu machen.[14] Wie redet man mit einem 12-jährigen Mäd-

---

[14] Annette Bitsch: Wo ist die Kamera hier – zwischen dem symbolischen Dritten und dem imaginären kleinen anderen Adressaten – zu situieren?
Till Nikolaus von Heiseler: Die Kamera ist der Joker (Leerstelle), der interpretiert werden kann, von dem, der die Kamera einführt und erklärt, warum und wofür er filmt.

chen und wie mit einem 22-jährigen und welche Rolle spielen Alter und Geschlecht? Für wen erklärt man etwas oder erzählt eine Anekdote?

FRIEDRICH KITTLER Ist das noch verständlich oder ist das alles zu anekdotisch?

TILL NIKOLAUS VON HEISELER Nein, das finde ich nicht. Man entgeht den Erzählungen ja nicht. Was ich mir also wünsche, ist, dass wir einerseits verständlich machen, was Sie gesagt und geschrieben haben, eben das skizzieren, was Ihr Beitrag ist, das, was Sie in die Waagschale werfen, und andererseits möchte ich, dass man das Denken auf dem Weg erlebt, im Prinzip so, wie man das ja bei Ihnen immer sieht und erleben kann: dass Sie eben nicht nur etwas vortragen, das Sie sich vorher ausgedacht haben und das schon abgeschlossen ist, sondern bei allem, was Sie sagen, fühlt man: Das Denken ist auf dem Weg. ~~Selbst bei Dingen, die Sie so oder ähnlich schon gesagt haben, hat man den Eindruck, dass Sie sie, während Sie sie aussprechen, noch einmal prüfen.~~ Und dann denke ich, das ist ja vielleicht alles Blödsinn und vielleicht müsste man genau das Gegenteil machen, alles Abschreiben und von Schauspielern vorlesen lassen. ~~Also genau in die andere Richtung: Wie kann die Prozesshaftigkeit weitergehen? Ich verstehe Ihre Art zu reden, theoretisch zu reden, so, dass am Anfang oft eine These steht, die aufgestellt wird und plötzlich – und das unterscheidet Sie von manchen ihrer Schüler – greifen Sie auf unerwartete Weise ihre These an und negieren sie auf einer bestimmten Ebene, in der Tradition Hegels und Derridas.~~

~~FRIEDRICH KITTLER Ja. Genau.~~

~~TILL NIKOLAUS VON HEISELER Und das sind dann alles Beschreibungen und Deutungen, die auf meiner Wahrnehmung basieren, die ja eben meine Wahrnehmung ist, und gerade deshalb möchte ich noch einmal auf die Lacan'sche Unterscheidungen, die *Trias*, zurückkommen, also es gibt etwas Reales, es gibt die Möglichkeit, mit etwas symbolisch umzugehen oder operativ, das wird wahrscheinlich oft synonym verwendet, und es gibt den~~

Bereich des Imaginären. Wenn wir jetzt von der Situation ausgehen ... Es gibt bei William James, dem Begründer der amerikanischen Psychologie und Mitbegründer des Pragmatismus, die Unterscheidung zwischen I und Me, das eine ist das Ich, ist das, was denkt, das Hirn, das wirklich vorhanden ist, das tatsächlich operiert, und auf der anderen Seite steht die Konzeption einer Person von sich selbst. Und beides kann ja nie zur Deckung kommen: Auf der einen Seite handelt es sich um Beschreibung und auf der anderen Seite steht eben keine Beschreibung, sondern das, was funktioniert und im Falle der Selbstbeschreibung diese Beschreibung anfertigt. Und das Traurige an dieser Geschichte ist ja, dass es gar keinen Vergleich geben kann zwischen der Beschreibung und dem, was diese Beschreibung anfertigt, weil wir immer nur Beschreibungen vergleichen können. Das Reale bleibt notwendig ausgeschlossen. Aber es gibt eben doch einen sehr unterschiedlichen Umgang damit in unterschiedlichen Kulturen. Denn wenn man den berühmten Ansatz von Lacan zitiert, dass das Reale das ist, was weder symbolisch ist noch imaginär, dann kann man an diesem Satz sehen, dass diejenigen, die immer behaupten, das Symbolische und das Imaginäre kämen immer zusammen vor, in die Irre gehen. Denn das Imaginäre wird ja quasi durchgestrichen in dieser Definition. Das *per definitionem* Nicht-definierbar-Sein des Realen ist ja selbst wieder symbolisch, doch eben ohne eine konkrete Vorstellung zu nähren. Das eben ist auch das Besondere am Symbolischen, dass es die Negation kennt und dass die reine Negation imaginär nicht fassbar ist, wie das die Negative Theologie vorgemacht hat. Wie ja auch die Mathematik in der Algebra ohne Imagination auskommen kann, weil die Prozesse definiert sind. Zwei Schafe und zwei Schafe, das macht vier Schafe, aber dass zwei und zwei vier ist, das können wir ausrechnen, ohne es uns vorzustellen, aber nur weil es unsere Kultur fertiggebracht hat, dies auszurechnen, indem auf eine Operation umgestellt wird, und diese Operation, wir funktionieren da wie eine Re-

~~chenmaschine, überspringt die Imagination. *What I love about the calculus is that it frees us from working with our imagination.*~~[15] ~~Wir müssen uns also nicht zwei Schafe vorstellen und noch mal zwei Schafe und beides zusammenfügen und das Zusammengefügte zählen, sondern wir können diskrete Prozesse ausführen, die zwar von Imaginationen begleitet sein dürfen, in denen aber die Imagination keinen Einfluss auf das Ergebnis hat.~~ Und so sitzen wir hier mit unseren Gehirnen, unseren Körpern, unserem realen Was-auch-Immer, und ich ... es gibt ja zwei Möglichkeiten, damit umzugehen: Ich könnte hier mit einem Stift sitzen und das, was ich verstehe und begreife, notieren, oder wir können mit technischen Medien das Gespräch aufnehmen, und die Hoffnung ist dabei natürlich, dass etwas, das uns hier entgeht ...

FRIEDRICH KITTLER Mh-mh.

TILL NIKOLAUS VON HEISELER ... dennoch in die *Flaschenpost an die Zukunft* eingespeist wird, an unseren Bewusstseinen vorbei, weil das technische Medium die Potenz hat, etwas vom Realen einzufangen, das nicht durch die Imaginationen der Personen, die beteiligt sind, verstellt ist, auch im Sinne des Symptoms.

FRIEDRICH KITTLER *Die Stimme ist gleichsam unsterblich geworden*, hat Thomas Alva Edison formuliert, als er den Phonographen erfunden hat, das erste Grammophon, wenn man ungenau sprechen darf. Ich gehöre zu der Generation, die sich mit siebzehn ein Tonband von den Eltern hat wünschen dürfen, und dann zur Verlobung habe ich eine hinreißende Schmalfilmkamera bekommen, wie ich Ihnen ja schon am Telefon erzählt habe; und habe mich reingestürzt in die beiden Abenteuer: das des Verewigens der Stimme und das des Verewigens meiner Geliebten. Ich habe mich nie selber gefilmt, wollte ich auch gar nicht, sondern immer nur die bekleidete oder nackte Schönheit der Geliebten. Das war so unglaublich

---

15 Korrekt: »What I *love* best about the *calculus* is [...] that it frees us from working with our *imagination*.« (Leibniz, 1692).

prägend, diese neuen technischen Unsterblichkeiten – aber sie machen natürlich auch Angst, man hört sich ja auf dem Tonband – vor allem auf schlechten Tonbändern auch wesentlich anders, als man sich selber hört, wenn man spricht, aufgrund der Direktverkopplung zwischen Rachenraum und Ohrraum – wegen der Eustachischen Röhre – die auf dem Tonbandmitschnitt sozusagen abgeschnitten ist. Und genau das schien mir, als ich *Grammophon, Film und Typewriter* schrieb, in der Wissenschafts-, Technik- und Mediengeschichte völlig unterbelichtet zu sein: was technische Medien für unser Leben bedeuten, wie hart sie intervenieren und wie viel Liebe sie abzapfen. Alle Pornographie im Netz beweist, wie leicht das Begehren ablenkbar ist, und deshalb wollte ich jetzt einen letzten, ganz schweren Gedanken an diese 22-Jährige in 22 Jahren senden: Wir haben jetzt zwei, drei Jahrzehnte einer entsetzlichen Erinnerungskultur und Gedenkkultur hinter uns, die immer auf der Unsäglichkeit des Todes, auf der *Shoah* und so weiter, aufbauen will. Ich glaube, dass das zu wenig ist, wir müssen nun versuchen, unser Denken, unser Eingedenken, auf dem genauen Gegenteil aufzubauen, nämlich auf der Tatsache, dass wir im Orgasmus so gut wie alles vergessen, uns selber – und dass das der Sinn des Lebens ist; – weil sich diese Glücksmomente nicht in Sprache fassen lassen – *la jouissance*, der Genuss – gerade deshalb muss die Sprache alles dafür tun und sich bemühen, das Unsagbare einzukreisen. Das ist es, was ich von Jacques Lacan glaube gelernt zu haben: sämtliche Philosophen auf die Frage hin zu lesen, was sie über die Liebe zu sagen haben. Jetzt habe ich so viele bittere Jahre meines Lebens dem Zusammenhang zwischen technischen Kriegen, Weltkriegen, einerseits und technischen Medien andererseits gewidmet, und nun dachte ich, sei es notwendig, das Gegenteil des Krieges nicht einfach als den Frieden zu bestimmen, sondern als die Liebe, und so kommen wir wieder auf die Göttin, kommen auf Aphrodite, vor allem auf Aphrodite, ganz eindringlich zurück.

zweiter akt: unsterblichkeit

TILL NIKOLAUS VON HEISELER Gut, dann kommen wir zum zweiten Akt, der nun in einschüchternder Weise vor uns steht, denn dieser hört auf den Namen *Unsterblichkeit*. In ihm geht es naturgemäß um die Werke, denn die Unsterblichkeit, die wir meinen, hat weder mit der Unterwelt noch mit dem christlichen Himmel zu tun, sondern mit der Nachwelt, der griechischen Vorstellung von Unsterblichkeit, der Unsterblichkeit im Gedächtnis der anderen: Alexander, der in der Nachahmung des Achill bis nach Indien verschlagen wird. ~~Oder auch Horaz schreibt: *Ich habe mir ein Denkmal gesetzt, dauerhafter als Erz*.~~[16] Also Werke verstanden als *das, was bleibt*. *Was bleibet aber, stiften die Dichter*. Und daraus macht dann Müller: *Was bleibt aber, stiften die Bomben*. Erst sind es die Taten, dann sind es die Worte und schließlich ist es der hell leuchtende Feuerball der überkritischen Masse. Herr Professor Kittler, was ist für Sie Unsterblichkeit?

FRIEDRICH KITTLER Ja, was soll man zur Unsterblichkeit sagen: *Ich denke an Auerochsen. Ich denke an Engel, an das Geheimnis unvergänglicher Pigmente, an propheti-*

---

16 *Exegi monumentum aere perennius, Carmina Liber III,30,1*. Dort heißt es: Exegi monumentum aere perennius / regalique situ pyramidum altius, quodnon imber edax, non Aquilo inpotens / possit diruere autinnumerabilis / annorum series et fuga temporum.

sche Sonette, an das Refugium der Kunst. And this is the only immortality you and I may share, my Lolita.[17]
TILL NIKOLAUS VON HEISELER Das Ende der Lolita. Und erst im Lichte dieses Endes erscheint die Tiefe des Anfangs des großen Buches, an dem die Lust des Sprechens, die Lust an der Sprache, die ja in lateinischen Sprachen immer auch *Zunge* heißt, eins ist mit der Lust an und dem Begehren nach Lolita. Auch ein sehr medienmaterialistischer Ansatz, die Zunge als Bedingung des Fabulierens, das Symbol als Bedingung der lustvollen Imagination. Und die unmittelbare Anwesenheit der dreimal schlagenden Zungen: *Lolita, light of my life, fire of my loins. My sin, my soul. Lo-lee-ta: the tip of the tongue taking a trip of three steps down the palate to tap, at three, on the teeth. Lo. Lee. Ta.* So ähnlich, nicht? Das eben zeigt – und da werden Sie zustimmen –, wofür es zu leben lohnt: Für die Liebe – ich meine die Praxis, nicht die Institution – und die Literatur – hier ist ebenfalls die Praxis gemeint, lesend und schreibend. ~~Doch wir wollten über Ihr Werk sprechen. Denn mit Unsterblichkeit ist ja eben das Werk angesprochen, in etwas unzeitgemäßer Art, entgegen allen dekonstruktivistischen oder poststrukturalistischen Anfechtungen und Verflüssigungen. Gerade das Älteste kann oft wieder das Revolutionärste sein.~~ ────────── Bevor wir nun versuchen wollen, Ihr Werk einzuordnen – und ich werde Ihnen eine Einordnung vorschlagen, dieses Wagnis will ich eingehen, dass ich Ihnen genau sage, wo ich das Kittler'sche Werk verorte und was seine Stellung und seine Bedeutung ist –, wollte ich eine kleine Anmerkung anbringen: Mir kam bei der Lektüre der *Optischen Medien* der Gedanke, dass die *Laterna Magica* katholisch sei. Die *Laterna magica* setzt ja im Zuge der Gegenreformation auch

---

17 Im Original (Vladimir Nabokov, London 1955): »I am thinking of aurochs and angels, the secret of durable pigments, prophetic sonnets, the refuge of art. And this is the only immortality you and I may share, my Lolita.« In der deutschen Übersetzung heißt es (Reinbek bei Hamburg 1964): »Ich denke an Auerochsen und an Engel, an das Geheimnis zeitbeständiger Pigmente, an prophetische Sonette, an die Zuflucht in der Kunst. Und dies ist die einzige Unsterblichkeit, an der du und ich gemeinsam teilhaben dürfen, meine Lolita.«

die Höllenqualen in Szene, illustriert also das, was Loyola den Mönchen als Imaginationsübung empfiehlt. Und die Flimmerkiste, die Privatsender, basieren ja ökonomisch auf Werbung und versprechen das Seelenheil im Konsum. Ist das Fernsehen katholisch?

FRIEDRICH KITTLER Absolut.

TILL NIKOLAUS VON HEISELER Wie man früher also mit Geld den Ablass kaufen konnte, so kann man heute dadurch ein besserer Menschen werden, dass man die richtigen Produkte kauft. Das Fernsehen steht also im Großen und Ganzen bis heute in der Tradition der Gegenreformation, der Antiaufklärung, und ist damit so ein bisschen eine Parallelveranstaltung zum *Sense Memory*, der sinnlichen Gedächtnisübung, wie man das heute im *method acting* nennt, welches Loyola den Mönchen empfiehlt als *Exerzitien*. Das würde dann wiederum mit McLuhan zusammengehen, der ja auch Katholik ist und der sich natürlich zum Fernsehen bekennt und gegen das Buch, der gegen die reine Schrift Position bezieht – antilutherisch – und der tatsächlich meint, dass mit dem Fernsehen das Paradies zurückgeholt werden kann und der Weltfriede eintritt. Und dies wäre eine vollkommen neue Dialektik der Aufklärung, insbesondere dann, wenn man feststellte, dass das Fernsehen, also die Bildröhre, von einem Drucker erfunden wurde, und im Übrigen alle Schaltpläne und Beschreibungen der optischen Medien wiederum in Büchern abgedruckt werden können. Und nun kommt es zur totalen Konvergenz, die Sie ja schon lange vorhergesehen haben, und nicht nur alle Medien konvergieren, sondern auch Katholizismus und Protestantismus. Die Protestanten werden Programmierer und die Katholiken Designer.

Kittler lacht.

FRIEDRICH KITTLER In den *Optischen Medien* wollte ich zwei Fliegen mit einer Klappe schlagen, die eine haben Sie jetzt absolut richtig zusammengefasst: Die Reformation fällt mit der Gutenberg-Buchpresse und die Gegenreformation mit der *Laterna Magica* zusammen. Aber ich wollte zugleich, mit Heidegger gesprochen, etwas Seinsgeschichtliches veranstalten: Die *Camera obscura* zunächst einmal dem reinen frühneuzeitlichen Vorstellen zuordnen und die *Laterna Magica* der gedoppelten Vorstellung: der Vorstellung, dass ich vorstelle – so wäre das ungefähr korrekt formuliert mit Heideggers *Zeit des Weltbildes* und Foucaults *Ordnung der Dinge*. Zuerst einmal erzeugt man mit der *Camera obscura* ein Bild, eine Vorstellung der Welt, und dann projiziert man diese Vorstellung namens *Laterna-magica*-Bild wieder raus in die Welt und überzeugt damit Protestanten durch diesen Feuerzauber, wieder zur alten, allein seligmachenden Kirche überzutreten. Und Heidegger dachte eben, als er diese *Zeit des Weltbildes*,[18] 1938, glaube ich, schrieb – 1938 lebten wir immer noch in der Zeit des Weltbildes – er müsste jetzt dagegen angehen, dass wir uns unsere Vorstellung vorstellen. – Der Zweite Weltkrieg und die Erfindung des Computers haben ihn dann, in den Fünfzigerjahren, überzeugt, dass die Zeit des Weltbildes, die Vorstellung der Vorstellung, zu Ende geht, dass nämlich im Wesen der Technik eine derart enge Rückkopplung zwischen dem, was der Mensch ist, und dem, was die Maschine ist, entstanden ist und dass diese Technik die Rede von Subjekt und Objekt sinnlos macht. Das Subjekt bei Descartes stellt sich vor, dass es sich selbst sich als Objekt vorstellt. Das war sein *cogito* selber. Und dieses *cogito* ist aber jetzt so verschlungen in die Maschinenwelt, dass wir gar nicht mehr so reden können.

TILL NIKOLAUS VON HEISELER Mir erscheint nicht die Frage der Vorstellung hoch zwei oder die Selbstbezüglichkeit der Vorstellung der Punkt, sondern dass die Rekursion sich im Optischen ansiedelt. Also wir und die Welt zum Bild werden oder zu etwas, das sich im Bilde, also in der Vorstellungskraft, im visuellen Vorstellungsvermögen, angeblich

---

[18] Martin Heidegger: *Die Zeit des Weltbildes*, Vortrag 1938. In: *Holzwege*, Frankfurt am Main 1950, S. 73ff.

vollkommen abbilden lässt; dass das die Illusion ist.
FRIEDRICH KITTLER   Also die Welt wird zum Bild und der Mensch zum Subjekt durch die *Camera Obscura*, die eben ein Bild macht von der Welt, und diese Verdoppelung löst sich dann wieder auf mit der Computergrafik und ihren Vorboten der nicht-euklidischen Geometrie.
TILL NIKOLAUS VON HEISELER   Ja, aber die nicht-euklidische Geometrie, also Gauß und sein Schüler Riemann und dann Ricci-Curbastro und sein Schüler Levi-Civita, wenn ich die Namen jetzt halbwegs richtig ausspreche, führen ja direkt zu Einstein, und der sagt: Der nicht-euklidische Raum ist Realität. Was als mathematische Spekulation begann, also praktisch bei der Freude, dass man etwas rechnen kann, was es gar nicht gibt, dreht sich und wird plötzlich mit der Relativitätstheorie zur Beschreibung der Realität. Und das heißt natürlich, dass alles, was wir uns vorstellen in unserer naiven euklidischen Imagination, an der Realität vorbeigeht. ~~Lustigerweise gibt es ein Buch, das aus zusammengeschusterten Texten und Aussagen von Einstein besteht und ausgerechnet »Mein Weltbild« heißt. Wobei Einstein genau derjenige war, der uns erklärte, dass uns eine rein visuelle Vorstellung – die ja immer anschaulich und damit euklidisch ist – in die Irre führt.~~ Damit geht auch die schöne alte Tradition aus, die Gesehenhaben und Wissen in eins setzt, wie sich das griechisch darstellt. Aber wo sind wir heute?
FRIEDRICH KITTLER   Das beschäftigt mich ungemein, dass eben die langsame Evolution der Tiere und die wahnsinnig schnelle Ontogenese des Menschen, der in zehn Jahren im Prinzip alles nachlernen kann, was seit der Jungsteinzeit erworben worden ist an Kultur, den Computern gegenübersteht, die alle achtzehn Monate ihre Leistungsfähigkeit verdoppeln, also wiederum schneller sind als Mensch und Tier. Und dass wir in einer derartigen Relation denken und reden müssen. So wie die Griechen in der Dreifaltigkeit von Tier, Sterbliche, Unsterbliche gedacht haben, so müssen wir von Tieren,

Menschen und Maschinen sprechen.

TILL NIKOLAUS VON HEISELER Was unterscheidet den Menschen vom Tier? Was unterscheidet den Menschen von der Maschine? ~~Distinktionstheoretische Ansätze können ja überaus fruchtbar sein.~~ Und so, wie man dem Menschen Kontur verleihen kann, indem man ihn vom Tier unterscheidet, kann man Ihre Theorie vielleicht am besten dadurch sichtbar und verstehbar machen, dass man sie von der geisteswissenschaftlichen Tradition unterscheidet. In der akademischen Philosophie, also in der Philosophiegeschichte, entwickelt sich das Denken aus dem Denken: Marx liest Feuerbach und Hegel und setzt beides zusammen oder Kant liest die Rationalisten, die Empiristen, kommt dann zu seinem Apriori-Begriff und entwickelt die entsprechenden Transzendental-Konzepte für Analytik und Ästhetik, also für begriffliches Denken und Wahrnehmung. Und Sie sagen jetzt: die Grundlage der Gesellschaft sind die Kulturtechniken. Der Übergang zur Neuzeit wird nicht eingeleitet, weil Aristoteles irgendwo wiedergefunden wird und durch irgendwelche merkwürdigen arabischen Quellen zu Thomas von Aquin gelangt oder dass der Universalien-Streit entschieden wird zugunsten der Nominalisten, sondern die Malerei lernt die Mathematik und: der Buchdruck wird erfunden.

FRIEDRICH KITTLER Ja ...

TILL NIKOLAUS VON HEISELER ... und damit beginnt die Neuzeit?! Spielen denn die Semantiken gar keine Rolle?

FRIEDRICH KITTLER Da wären wir schon beinahe im dritten Akt, wo die Anfechtungen auftreten.

TILL NIKOLAUS VON HEISELER Gut, dann heben wir uns das auf für die Anfechtungen?!

FRIEDRICH KITTLER Ja, bitte ...

TILL NIKOLAUS VON HEISELER Was man sicherlich sagen kann, ist, dass es für alle Semantiken Bedingungen gibt. Und wir hatten vorhin über das Symbolische gesprochen und gezeigt, dass die Negation immer das Symbol braucht. Imagination kann sich zwar auf etwas Abwesendes beziehen, aber in der Regel immer nur durch das Symbol. Und wenn man sich das überlegt, müssten die ältesten Kritzeleien, also Ritzungen, sich auf Zahlen bezogen haben. Zahlen sind ja reine Relation. Doch damit die Zahl als reine Relation entstehen kann, muss man etwas tun, nämlich die Zahl von den Dingen, die in einer entsprechenden Anzahl vorhanden sind, abtrennen. Die Zahlen unabhängig von den Dingen denken ...

FRIEDRICH KITTLER   ... das ist schwierig.

TILL NIKOLAUS VON HEISELER   sehr schwierig. Dass also zwei Schafe und zwei Sterne etwas miteinander zu tun haben, leuchtet uns ein, ist aber nicht an und für sich von vornherein einleuchtend.

FRIEDRICH KITTLER   Das hat lang gedauert. Es gibt, glaube ich, irgendwelche – wie man böse sagt – primitive Sprachen, in denen die Zwei bei den Hunden etwas anderes ist als die Zwei bei den Sternen.

TILL NIKOLAUS VON HEISELER   Und ich denke, hier kommt das Medium ins Spiel und das sind die Finger, an denen gezählt wird. Die Finger, die *digits* – was eigentlich auch die Zehen einschließt: Finger und Zehen werden *digits* genannt und bei den *Inuits*, da zählt man eben deshalb nur bis zwanzig und hundert sind dann fünf Menschen –, also die Finger und Zehen sind das erste Medium des Rechnens. Aber die Gemeinsamkeit muss man über das Medium der Finger lernen und die Unterschiedlichkeit kann man unmittelbar erleben. ~~Man kann sich nämlich die Zwei nicht abstrakt vorstellen. Man kann sich nur zwei Finger vorstellen, die man dann abstrahiert, weil sie sowohl zwei Hunde wie auch zwei Sterne bedeuten können.~~ Oder später dann, viel später, zwei Striche und die Abstraktion findet eben gar nicht im Kopf statt, sondern setzt das Medium der Finger und des Ritzens voraus. Also Hilbert: Die Mathematik findet nicht allein im Kopf statt, sondern auf dem Papier. Und dies strahlt dann in alle Richtungen. Dass eben die Zahl Zwei nicht gebeugt wird. ~~Den Unterschied in Bezug auf das Geschlecht gibt es ja im mittelhochdeutschen noch: zween, zwo, zwei.~~

FRIEDRICH KITTLER   Und im Griechischen gibt es – im

Gegensatz zum Latein – das Singular, die Zweiheit und den Plural. Deshalb wissen wir, von Homer, dass es zwei Sirenen gibt. Und nicht wie später, drei.

Lange Stille, in der ein Engel vorbeifliegt.

TILL NIKOLAUS VON HEISELER   Wir befinden uns mitten im zweiten Akt, da geht es um die Werke, und ich würde gerne eine Einordnung Ihres Werkes versuchen und sehen, ob Sie der zustimmen können. Ich habe mal ein Seminar gegeben, in Zürich an der Kunsthochschule – oder Kunst-Universität wie das heute heißt –, und da sollte ich fünf Tage lang etwas über Medientheorie und Epistemologie erzählen, jeden Tag sechs Stunden und ich habe mich vor das Seminar gestellt – Masterstudiengang berufsbegleitend –, nur Frauen, alle mehr oder weniger mit eigener Werbeagentur, und habe gesagt: Ich mache jetzt keine Begriffsgeschichte und fange nicht mit der *aisthesis*-Konzeption von Aristoteles an, sondern ich beschreibe einfach mal den Diskurs, so wie er im Augenblick stattfindet. Um nun weder allgemeine Philosophie noch Sozialwissenschaft zu machen noch diese nebulösen Kulturwissenschaften zu treiben, sondern wirklich Medientheorie zu denken, müssen wir nur Theorien behandeln, die eine deutliche Distanz zum Alltagsbewusstsein aufweisen, denn das, was man sowieso meint, brauchen wir nicht mit Fremdworten und Gesellschaftskritik zu garnieren, weil das einfach nichts bringt. Damit kann weder ich was anfangen noch Sie, und deshalb denke ich: Es gibt nur zwei theoretische Ansätze, die es überhaupt zu behandeln lohnt, und das sind die Theorien von Niklas Luhmann und Friedrich Kittler.

FRIEDRICH KITTLER   *lacht.*

TILL NIKOLAUS VON HEISELER   Punkt. Und das sind zwei Theorien, die sind so etwas von unterschiedlich, dass wir vielleicht auch gleich damit die Epistemologie behandeln können, die hier ja auch irgendwie das Thema sein soll – *Medientheorie und Epistemologie* hieß das Seminar –, und zwar in ganz praktischer Weise: indem wir in die eine Theorie einsteigen, die Welt betrachten, dann wieder aussteigen und in die andere Theorie einsteigen.

FRIEDRICH KITTLER *lacht.*

TILL NIKOLAUS VON HEISELER Wir versuchen also keine Super-Theorie oder so etwas Komisches zu entwickeln, sondern wir stellen diese beiden Perspektiven einfach mal nebeneinander und versuchen, sie jeweils für sich und aus sich heraus zu nehmen und zu verstehen. Was aber ist nun Epistemologie? Beide Theorien haben unterschiedliche Ausgangspunkte, und das, was später in den Theorien als Aussagen formuliert wird, hängt von diesen Ausgangspunkten ab. Doch täuscht man sich auch wieder, wenn man annimmt, dass beide Theoriegebäude gar nichts miteinander zu tun haben, denn es gibt auch eine Klammer, und diese Klammer ist Foucault.

FRIEDRICH KITTLER Wunderbar!

TILL NIKOLAUS VON HEISELER Dieser Foucault, Michel Foucault, sage ich und schreibe den Namen an die Tafel, die ich mir extra für diesen Zweck organisiert habe – es ist ja kaum mehr möglich, heute noch eine Tafel in einen Seminarraum zu bekommen –, hat einen für uns wichtigen Begriff entwickelt, und zwar das *historische Apriori*. Das sind die historischen Bedingungen, die uns das Formulieren von Aussagen ermöglichen, die wir für wahr halten, die *Realbedingungen der Aussagen*. Und dann das berühmte Zitat aus der *Archäologie des Wissens*. Das kann ich jetzt leider nicht ordentlich zitieren. Also es geht nicht um Gültigkeitsbedingung für Urteile, sondern darum zu untersuchen, wie Aussagen fortbestehen, koexistieren, sich transformieren und verschwinden. So ähnlich.[19] Aber genau mit dieser Formulierung bleibt

---

19 »[...] ich will damit ein *Apriori* bezeichnen, das nicht Gültigkeitsbedingung für Urteile, sondern Realitätsbedingung für Aussagen ist. Es handelt sich nicht darum, das wiederzufinden, was eine Behauptung legitimieren könnte, sondern die Bedingungen des Auftauchens von Aussagen, das Gesetz ihrer Koexistenz mit anderen, die spezifische Form ihrer Seinsweise und die Prinzipien freizulegen, nach denen sie fortbestehen, sich transformieren und verschwinden.« Michel Foucault, *Archäologie des Wissens*, Frankfurt am Main 1973, S. 184

ja weitgehend offen, was das *historische Apriori* im Einzelnen meint. Es ist gerade die Stärke Foucaults, hier eine Leerstelle zu lassen, und er hat damit die Möglichkeit geschaffen, diese Leerstelle zu füllen. Und nun wird diese Leerstelle mit dem Begriff des Mediums gefüllt, der eben die Realbedingungen von Aussagen bezeichnen soll, aber immer noch ein weitgehend offener Begriff ist, und es entsteht eine neue Epistemologie, die sich deutlich von der klassischen Erkenntnistheorie unterscheidet. Zwar ist Sprachfähigkeit, wie Chomsky zeigt, universell und damit genetisch begründet, also phylogenetisch, aber die Frage, was Wahrheit ist, also das reflexive Wissen, ist immer historisch und abhängig von Institutionen, kulturellem Erbe und Kulturtechniken: den Realbedingungen des Diskurses. Und diese Leerstelle, das *historische Apriori*, wird bei Luhmann im Sinne der Selbstreferentialität des Sinnes mit den *symbolisch generalisierten Kommunikationsmedien* gefüllt, gewissermaßen in hegelianischer Tradition: Geist, der durch seine *Selbstreferentialität* eine neue Qualität gewinnt, aber eben als konkreter sozial vorhandener Diskurs – Dialektik oder Autopoiesis. Und Sie interpretieren das *historische Apriori* im Sinne von Kulturtechniken, aber – wie es hinten in den *Aufschreibesystemen* steht – auch als Institutionen, die ja mit diesen Kulturtechniken, wenn sie in die Welt kommen sollen, wenn sie in die Geschichte kommen sollen, immer verbunden sind. Das war jetzt ein rechtes Gestotter. Aber würden Sie mit dieser Einordnung leben können?

FRIEDRICH KITTLER Ja! Wunderbar könnte ich damit leben. *lacht glücklich* Er hat mich ja auch sehr gemocht, Luhmann – eben weil ich nicht sein Schüler war. Wir haben zusammen ein Seminar gemacht – und er hat lachend gesagt: Ja, ich weiß, wir sind ganz unterschiedlich, Herr Kittler. Ein reitender Bote kommt nach Babylon und ich frage: Was steht im Brief? Und Sie schauen sich das Pferd an – und dabei hat er lachen müssen. Da habe ich ihm einen schönen Gegenentwurf gemacht: Wissen Sie, Herr Luhmann, erst einmal muss der Computer erfunden werden, dann braucht der Computer eine Theorie, dann wird die Theorie von Rückkopplungsschleifen als Theorie von Computer-Selbstläufigkeit aufgestellt, dann beschließt das Pentagon, dass Norbert Wiener der Unzuverlässigste in dieser ganzen Informatik ist und schließt ihn von der Hardware-Weiterentwicklung aus, während John von Neumann bis zum Tag seines Hirnkrebs-Todes voll in der Materie drin stand, mathematisch; und Wiener verlassen die mathematischen Fähigkeiten und die informatischen, und prompt entdeckt er das Hobby der Biologie und der Soziologie. Und dann kommen Bateson und Maturana und schließlich Sie, Herr Luhmann, und setzen das alles zusammen – Sie reiten sozusagen auf unendlichen Sedimentierungsschichten von Hard- und Software – und am Ende holen Sie dann wieder das Grundprinzip der Rückkopplung in die Philosophie zurück. Und Sie führen die ganze Informatik und die Computertheorie, *Computer Science*, teilweise auch über die Biologie wieder zurück in *Prima Philosophia*. Das war ihm ziemlich recht als Kompliment, denn er wollte ja der Hegel unserer Tage sein. Aber ich denke, Sie haben in dem Punkt recht: Man kann nicht gleichzeitig von beidem reden, von Systemtheorie und von Mediengeschichte – das ist wahrscheinlich die methodische Konsequenz aus dieser Zwickmühle, wenn wir das mal bei einem Kindernamen nennen dürfen. Man kann entweder von den Medien reden oder vom Sinn – gemeint ist dasselbe, also das, was eben – wohlgemerkt – Foucault in schroffer, absichtlicher Paradoxie, *historisches Apriori* genannt hat, denn Aprioris waren ja bei Kant unwandelbare Gegebenheiten für alle Menschen, seit der Mensch der Mensch ist. Aber seitdem z.B. Helmholtz gezeigt hat, dass wir uns auch in die nicht-euklidische Geometrie hineindenken können und andere Räume als den euklidischen oder newtonianischen Raum konzipieren und rechnen können, seitdem sind Aprioris historisch geworden, nicht per Dekret *de Mufti*, ich meine jetzt Michel Foucault, sondern einfach durch die Zäsuren der Wissenschaftsgeschichte. Wer hat das schöner geschrieben als Martin Heidegger mit den Epochen des Seins, das sich eben »je« und »jäh« anders schickt. Es gibt keinen Hegel'schen Kreislauf bis zur Vollendung im absoluten Geist mehr, sondern wir wissen nicht, was in der Zukunft uns bevorsteht. Dieselben Götter? Neue? – um das Foucault-Zitat aus *Les mots et les choses* noch einmal aufzunehmen. Für diese Offenheiten muss eigentlich das Denken einstehen, das hat ja auch Luhmann ständig der *Theorie des kommunikativen Handelns*[20] von Habermas mit Recht vorgehalten: Dass er sich taub macht gegen die Möglichkeiten der Zukunft und die offenen Anschlussmöglichkeiten, die es noch gibt. Um ganz ehrlich zu sein, muss man natürlich auch noch hinzufügen: Meine Generation war Niklas Luhmann – in diesem entsetzlichen Band aus der roten Suhrkamp-Reihe[21] – vor allem für den genialen Satz dankbar, dass es jedem Menschen freisteht, etwas, was durch sein Bewusstsein fährt, entweder als Handeln oder als Erleben zu begreifen. Die einen haben den Trip als Handlung begriffen – ich meine den Haschisch-Trip – und die anderen als Erlebnis – am besten muss man beide Seiten sehen. Und ich habe mich immer für die Handlungs-Perspektive entschieden und Luhmann für die Sinn-Perspektive. Seine Kinder haben das ausgelebt, was der Vater so schön konzipiert hat, als die Doppeldeutigkeit, die strukturelle und sinnvolle Doppeldeutigkeit eines jeden Trips, wie das damals bei Timothy Leary hieß.

TILL NIKOLAUS VON HEISELER Dieses Verhältnis von Lehrer und Schüler oder von Schulen, das müssten wir vielleicht auch im nächsten Akt behandeln, weil dieses Verhältnis ja auch mit den Anfechtungen zu tun hat, da vieles ja auch angegriffen werden kann bei den Schülern, was bei den jeweiligen Meistern gar nicht da ist – das wollen wir uns merken. Und eine kleine Randbemerkung

---

20 Jürgen Habermas, *Theorie des kommunikativen Handelns*, Frankfurt am Main 1981.
21 Jürgen Habermas, Niklas Luhmann, *Theorie der Gesellschaft oder Sozialtechnologie – Was leistet die Systemforschung?*, Frankfurt am Main 1971.

zu der Unterscheidung von Handeln und Erleben. Das kommt in einem frühen Text von 1975 vor – noch sehr stark unter dem Eindruck von Talcott Parsons –, der heißt *Einführende Bemerkung in eine Theorie der symbolisch generalisierten Kommunikationsmedien*, und da gibt es diese Unterscheidung und da wird gesagt, dass *die Zurechnung auf sich selbst* Handlung genannt wird und *die Zurechnung auf die Umwelt* Erleben. Das heißt also, man kann bei allen Kommunikationsprozessen entweder sagen, das passiert da draußen und ich erlebe es nur, oder es sich selbst als Handlung zurechnen. Das sind aber eher Deutungsmuster, und selbstsichere Manager nehmen ihre Erfolge als Handeln wahr, schreiben sie also sich selbst zu, und Misserfolge schreiben sie den Umständen zu, also erleiden und erleben sie. Und dann kommt es natürlich darauf an, diese Sichtweise auch den anderen und vor allem den Vorgesetzten zu vermitteln. Oder um das mal anhand ihrer Habilitation durchzudeklinieren: Ihre Freunde werden das vorübergehende Scheitern ihrer Habilitationsschrift der Umwelt, nämlich dem Unverstand der Gutachter, anrechnen und ihre letztliche Habilitation ihnen selbst, also den unübersehbaren Qualitäten Ihrer Arbeit, die sich schließlich durchgesetzt hat; und ihre Feinde würden die Attribution genau andersherum machen: die Probleme der Habilitation Ihnen und Ihrer verwirrenden Schrift zurechnen und dass Sie es dennoch geschafft haben, dem glücklich-unglücklichen Zufall einer gnädigen Gutachterin oder dem laxen *Anything-goes-Procedere* der Habilitation anno 1985. Und das eben ist die Freiheit, die jeder besitzt, etwas entweder als Handeln oder Erleben zu beschreiben.[22] Oder abstrakt: ein Beob-

---

22 In Bezug auf den einzelnen Kommunikationsakt entspricht das Erleben der *Information* und die Handlung der *Mitteilung*. Die Zurechnung als Handlung oder Erleben erfolgt in der Systemtheorie aber vor allem auf soziale Systeme und nicht auf Bewusstsein. Das Rechtssystem beispielsweise unterscheidet zwischen den ›Fakten‹, die vorliegen, und ihrer Verarbeitung im Rechtssystem. Die Fakten werden der Umwelt zugerechnet und ›erlebt‹ und die Verarbeitung (Rechtsprechung) erscheint als Handlung. Hierbei kommt es darauf an, dass sich das System die Fakten nicht selbst zurechnet und sie deshalb als Erleben

~~achter beobachtet einen anderen Beobachter und kann das Beobachtete entweder dem anderen Beobachter oder dem von dem Beobachter Beobachteten zurechnen.~~ Doch was ich nun interessant finde, ist, dass die Frage von Einschluss und Ausschluss in Ihrer Habilitationsschrift sich im Titel ankündigt. Denn mit dem Titel *Aufschreibesysteme* gelingt Ihnen zweierlei: Einerseits benennen Sie in einem einzigen Wort Ihr Programm, die buchstäbliche und technische Seite der Kultur – das Netzwerk von Medien und Institutionen –, die einer Kultur das Übertragen, Speichern, Verarbeiten und Verteilen relevanter Daten ermöglicht[23] – im englischen Titel *Discourse Networks* bleibt nur diese Seite übrig –, und gleichzeitig leihen Sie sich einen Begriff von Daniel Paul Schreber, den er in seiner Schrift: *Denkwürdigkeiten eines Nervenkranken*,[24] in der er seine eigene Paranoia beschreibt, verwendet. In ihrem großen programmatischen Buch *Aufschreibesysteme 1800/1900* – wie der gesamte Titel heißt – benutzen Sie also einen Begriff, der sich der Paranoia verdankt.[25]

---

und nicht als Handlung (reine Konstruktion) erfährt. Zwar kann dies durch eine kritische Reflexion relativiert werden (beispielsweise in einer systemtheoretischen Reflexion), doch kann in der Praxis diese Unterscheidung deshalb nicht aufgehoben werden, weil sich das System dann in einer Paradoxie verstrickte (»Wir jagen die Gespenster, die wir selbst erschaffen haben«). Der Ort des Rechtssystems ist der zwischen einer seine Funktionen dekonstruierenden Rechtsphilosophie (die Recht und Unrecht sich konstruktivistisch selbst zurechnet) und der Annahme eines Naturrechtes, das alle Prozesse als Erleben deutet und das System als Vollstrecker einer schon vorher bestehenden Gerechtigkeit. Ein weiterer Ausweg aus diesem Dilemma ist die Umstellung von einer Konzeption der Gerechtigkeit (die mit der Rechtsprechung wieder hergestellt wird) auf eine Pragmatik. Was allerdings oft übersehen wird ist, dass eine pragmatische Rechtsprechung auf Forschung basieren müsste.

23 Korrekt: »Netzwerk von Techniken und Institutionen […], die einer gegebenen Kultur die Adressierung, Speicherung und Verarbeitung relevanter Daten erlauben.« *Aufschreibesysteme*, S. 501.

24 *Denkwürdigkeiten eines Nervenkranken, nebst Nachträgen und einem Anhang über die Frage: Unter welchen Voraussetzungen darf eine für geisteskrank erachtete Person gegen ihren erklärten Willen in einer Heilanstalt festgehalten werden?*, Leipzig 1903.

25 Es handelt sich um den Titel des wirkungsmächtigen Buches: *Aufschreibesysteme*. Dies ist der Begriff, den Schreber paranoid einführt: Jeder Gedanke, den er habe, werde vom Aufschreibesystem notiert, und wenn es ein Gedanke sei, den er schon zuvor gehabt hätte – was ja unvermeidlich sei, etwa

Ist das auch im Anschluss an Foucault mit Sympathie mit dem Ausgeschlossenen, mit dem Wahnsinn, gedacht?

FRIEDRICH KITTLER Ja absolut! Das war ein antipsychiatrischer Akt, den ich zu begehen erhoffte, als ich dem Wort eines paranoid gewordenen sächsischen Senatspräsidenten zu wissenschaftlichen Ehren verholfen habe. Ich wusste gar nicht, warum ich das tat – das kommt dann im vierten Akt. Als ich fertig war mit dem Buch und der Forschung zu Schreber und seinem Psychiater Paul Flechsig, da teilte meine Mutter mir dann ganz entzückt mit, dass mein mütterlicher Großvater auch einmal ein halbes Jahr bei Flechsig war – in der Irrenanstalt. So wie alle Fürstenschüler in Sachsen eigentlich von ihren Vätern auf die Fürstenschule geschickt werden, damit sie Pfarrer werden, so eben auch mein Großvater mütterlicherseits, und dann kommt ihm wie eigentlich auch allen Pfarrerssöhnen im zweiten Semester des Studiums von Latein, Griechisch und Hebräisch der große Zweifel ob des Pfarrer-Werdens. Und mein Großvater landete dann prompt in der Klinik, in der psychiatrischen Universitätsklinik in Leipzig unter Flechsig, um dann geläutert als Griechisch-

---

bei dem Gedanke, *Ich will mich waschen* oder beim Klavierspielen *Das ist eine schöne Stelle* (das sind die Beispiele, die Schreber selbst gibt) – dann werde dem ›Gedankenkeim‹ *Das haben wir schon* (gesprochen: *hammirschon*) angeheftet, »womit auf eine schwer zu beschreibende Weise die Strahlen gegen die anziehende Wirkung des in Rede stehenden Gedankens unempfänglich gemacht wurden«. Dies ist ein auf die Spitze getriebenes *Panopticon*, in dem eben nicht nur Handlungen überwacht werden, wie in dem von Jeremy Bentham konzipierten Gefängnisgebäude, sondern ein in den Kopf hineinhorchender Gedankenhörapparat implementiert wurde. Man könnte diesen Wahn allerdings auch so verstehen, dass er die Übersteigerung einer erlittenen Disziplinierung durch den Vater, Moritz Schreber, darstellt. Es entsteht ein Bild für das neue den Menschen zunächst überforderndes *Dispositiv der Macht*, das nicht mehr auf *Überwachen und Strafen* basiert, sondern ein unsichtbares Netzwerk bildet, für das die Strahlen Schrebers ein geradezu harmlos anmutendes Bild sind. Denn es mag schlimm sein, dass alle Gedanken, die einer denkt, übermittelt und aufgeschrieben werden, aber schlimmer erscheint, dass eben diese Gedanken umgekehrt *vom Aufschreibesystem hervorgebracht werden*, und zwar nicht jeder einzelne Gedanke (das eben wäre eine paranoide Schizophrenie), sondern in Form von – wie es die französische Philosophie nennt – Einschreibeprozessen. Der Titel ›Einschreibesysteme‹ hätte allerdings, wiewohl er vielleicht der präzisere Titel gewesen wäre, die Schreber-Pointe und damit den antipsychiatrischen Akt verfehlt.

und Latein-Gymnasiallehrer aus dieser Irrenanstalt
hervorzugehen. Das hatte ich quasi die ganze Zeit recherchiert, ohne es zu merken; unter diesen Stichworten
Schreber / Aufschreibesysteme / Was heißt Wahnsinn? /
Was heißt Horror-Trip? Das waren Fragen, die mich
unterhalb der Ebene des Sexes beschäftigt haben und die
wie böse Geister meine Gutachter überfallen haben, bis
einer mich in sein Büro bestellte und einen Schreikrampf
bekam und zu mir sagte: »Kittler, Sie sind ja ein reizender Mensch und ein kluger Mensch zudem, und wir
haben auch viele schöne Seminare zusammen gemacht,
aber ich möchte einfach verhindern, dass es einen zweiten Michel Foucault gibt – mein Gutachten wird negativ
ausfallen«. Und so waren es eben nicht drei Gutachter
am Ende, sondern dreizehn, glaub' ich – die dreizehnte
Fee war günstig zu mir und gab den Ausschlag. Aber ich
hatte vier Jahre verloren und hatte mir immer überlegt,
ob ich mir irgendwie eine Pistole beschaffen kann – zu
Selbstmordzwecken. Ich habe anders mit dem Leben
gezahlt. Die lebenslängliche Freundschaft mit Raimar
Zons entstand so, dass er das Typoskript gelesen hat, in
dieser langen vierjährigen Zeit des bangen Wartens auf
die finale, am Ende dann doch positive Entscheidung.
Er hatte gesagt: »Das Buch ist so schön, ich druck's,
auch wenn daraus keine Habilitation wird und also kein
Druckkosten-Zuschuss und gar nichts dazukommt.«
Am Ende kam dann der Druckkosten-Zuschuss und es
ging alles gut. Aber so wird man vielleicht verstehen,
auch noch nach zwanzig Jahren, warum gewisse Abwerbungsversuche anderer Verlage immer an meiner treuen
Freundschaft gescheitert sind. Man verlässt sich nicht auf
einen Freund, um ihn genau dann zu verraten, wenn man
ein bisschen Geld dem Verlag durch seine eigenen Bücher
einbringt, also keine Zuschuss-Bücher mehr schreibt. Und
das Schönste, was jemand über die *Aufschreibesysteme*
gesagt hat, war das: Es sei ein Buch, das man erst zwanzig Jahre später habe verstehen können. Im Unterschied
etwa zu der – es gibt ja eine einzige mir bekannte, zumin-

dest ebenso erfolgreiche – Habilitationsschrift, die heißt
Erkenntnis und Interesse[26] und sprach den Geist des
Tages und des Alltags aus, all das, was damals so *common sense* war. Aber es ist schrecklich, solche Bücher [die
nicht dem Zeitgeist entsprechen] aus dem hohlen Bauch
zu schreiben, man muss wahnsinnig viele Opfer bringen.
Meine netten Freunde bringen es immer auf diese berühmte lateinische Formel *aut liberi aut libri* – entweder
Kinder oder Bücher!

TILL NIKOLAUS VON HEISELER   Ja ... Opfer! – Man muss
vielleicht auch an die Menschen denken, die etwas opfern
und trotz ihrer Begabung, trotz ihres Fleißes scheitern,
obwohl sie alles geben und viel zu geben haben, einfach,
weil die Sache noch nicht reif ist oder ihnen das Geschick
fehlt, das Richtige im richtigen Moment zu tun. Und von
zehn Menschen, die es riskieren, etwas wirklich Neues zu
wagen, werden vielleicht neun einfach untergehen und
gar nicht ...

FRIEDRICH KITTLER   *mit Nachdruck* Ja!

TILL NIKOLAUS VON HEISELER   ... gar nicht in Erscheinung
treten. Wenn das nicht so wäre, dann wäre es ja eben
auch kein Risiko. Und das Neue oder das Andere – das
Unzeitgemäße bleibt ein Wunder, das entweder ignoriert
wird oder eben die Wut, den Hass auf sich zieht. Und
schließlich akkumuliert etwas, und die das Neue schließlich in die Welt bringen, stehen oft nicht nur auf den
Schultern von Riesen, sondern auf den Leichenbergen
der Vergessenen und Gescheiterten. Das Aufkommen des
Neuen lässt sich mit dem Freiheitsbegriff bei Hegel erklären, dass die Freiheit nicht eine Wahl zwischen zwei Gegebenheiten sei, sondern eine Negation darstellt, sowohl
dessen, was man ist – als Lebewesen einerseits und als
verkörperte Überlieferung andererseits –, als auch dessen,
was man nicht ist, nämlich die natürliche und soziale
Umwelt. Und wenn man eben in dieser Negation sich
am Leben erhalten kann, sich also in der Existenz hält in

---

26   Jürgen Habermas: *Erkenntnis und Interesse*, Frankfurt am Main 1968.

dieser doppelten Negation, dann kommt das Neue in die Welt. Die Voraussetzungen der Wahl verändern sich und damit – so jedenfalls in der Interpretation Kojèves – sei die Freiheit, die sich als dialektische oder negierende Tat verwirklicht, in ihrem Wesen Schöpfung. Und wie bei Hegel der Mensch ja nur dadurch zum Menschen wird, dass er als Herr in einem Kampf auf Leben und Tod sein Leben riskiert, so ist ein Neues ohne Risiko schlechtweg undenkbar.

FRIEDRICH KITTLER Ein etwas fernerer Freund – germanistischer Linguist – hatte mit sprechakttheoretischen, vollkommen überzeugenden Mitteln in seiner Habilitation nachgewiesen, dass kein Gerichtsurteil sich an den Angeklagten oder an das Deutsche Volk richtet, wie man eben allgemein annimmt, sondern immer nur für die nächsthöhere Berufungsinstanz formuliert wird – und die Habilitation ist durchgefallen, weil das Ergebnis ebenso wahr wie unsäglich gewesen ist und politische Konsequenzen gehabt hätte. Ich habe mich ja aller Politik enthalten in den *Aufschreibesystemen* und aller Religion. Ersteres ist mir durchgegangen und auch gestattet worden, aber das Ringen um den christlichen Gott bei Stefan George und Hugo von Hofmannsthal und Rainer Maria Rilke, das bei mir in keinem Sterbenswörtchen erwähnt wird, hätte mich beinahe den Hauptgutachter gekostet – meinen eigenen Doktor- und Habilitationsvater. Insofern scheint mir das alles sehr konsequent zu sein im Nachhinein, dass ich versuche, ein Denken bei Heidegger aufzunehmen, das die Wiederkehr der Götter wenigstens vorbereitet. Aber trotzdem ist *Aufschreibesysteme* natürlich ein maßlos trauriges Buch, ich hatte auch einen vollkommen sinistren Schlusssatz vorbereitet und schon ausformuliert aus *Almayer's Folly* von Joseph Conrad, als dann eine kleine Sannyasin[27], ein lustiges, schönes Mädchen, sagte: »Mensch, wie kannst du nur so traurig enden wollen, schreib doch was Lustiges, schreib' was

---

27 Anhängerin des Gurus Bhagwan, später Osho.

über junge Frauen« – das habe ich dann gemacht. Also ein schwarzes Buch, mit einem lächelnden Ende. Und dann dachte ich an meinen anderen Verleger-Freund damals in Freiburg, der gerade einen kleinen Verlag in Berlin gegründet hatte – für den habe ich das *Grammophon, Film, Typewriter*-Buch geschrieben wie ein illustriertes Kinderbuch zu den dunklen *Aufschreibesystemen*, also *Aufschreibesysteme* für die Kleinen.

TILL NIKOLAUS VON HEISELER   Mit Ihrer ganzen Theorie, die ja in verschiedenen Publikationen zutagetritt: *Aufschreibesysteme, Grammophon, Film, Typewriter, Draculas Vermächtnis* ...

FRIEDRICH KITTLER   Ja, dann habe ich ja leider keine richtigen Bücher mehr geschrieben, sondern Vorlesungen ausformuliert.

TILL NIKOLAUS VON HEISELER   Ja, *Optische Medien* sind ja ...

FRIEDRICH KITTLER   Ja ...

TILL NIKOLAUS VON HEISELER   Wie kann man denn jetzt, mit dieser Theorie, den Übergang von einem Zustand des Denkens, des Wissens – Gesellschaft wollen wir jetzt ja vermeiden, nehme ich mal an? –, also wie erzählt man den Übergang vom Mittelalter zur Neuzeit damit?

FRIEDRICH KITTLER   Mir waren – im Geist Foucaults, der laut Paul Veyne ein Krieger war –, strategische Übergänge immer die liebsten, also: ein Medium wird erfunden, um ein älteres zu schlagen. Ich erzähle gerade jetzt – und das ist doch vielleicht interessant als *Flaschenpost an die Zukunft* – die Geschichte, wie aus der pythagoreischen Gitarre, der *kithara*, beim letzten und mathematischsten Pythagoreer, Archytas, das Katapult hervorgeht. Und wie Archimedes dieses Katapult von Archytas übernimmt gegen den römischen Angreifer Marcellus, der aber dann doch Syrakus erobert und Griechenland und Großgriechenland plattmacht – Tarent und Syrakus –, und wie die Römer sich dieses Katapult aneignen und dann damit die Griechen selber schlagen: ihre Lehrmeister. Meine Seinsgeschichte ging ja in drei Schritten: Der Telegraph wird erfunden, um den reitenden Boten abzulösen im Krieg. Es werden also Kabel gelegt, die aber vom Feind durchgeschnitten werden können und überhaupt erst mal in die Erde gelegt sein müssen. Daraufhin wird das drahtlose Radio erfunden, um den Telegraphen zu widerlegen. Die Draht=Telegraphie entspricht dem Amerikanischen Bürgerkrieg und dem deutschen Sieg 1870/71 gegen Frankreich. Der Erste Weltkrieg wäre dann der Sieg der Radio=Telefonie über den Kabel=Telegraphen. Und dann baut die Wehrmacht auf dem Geheim=Radio, auf verschlüsselten Radio=Botschaften, ihre ganze Blitzkrieg=Strategie auf, und die scheitert einzig und allein daran, dass Alan Turing einen Computer erfindet, der imstande ist, auch noch die kompliziertesten Codes und alle Geheimcodes zu knacken, nachdem sie abgefangen worden sind. Telegraphie, Radio, Computer sind einfach drei strategische Schritte, die drei große Kriegssysteme kennzeichnen. Ich denke schon, zu jeder dieser Technologien gehört ein bestimmter Sinn: eine Form zu denken und auch diese Maschinen zu denken. Es wäre jetzt vielleicht zu mühsam, das historisch zu belegen. Sie möchten von mir Theorie hören und allgemeine Annahmen, ich neige viel zu sehr dazu, entweder anekdotisch zu werden oder streng historisch. Ich füge noch einen Gedanken zu den Katapulten hinzu, also zu der antiken Artillerie. Die Römer tun ein Einziges, was die Griechen vergessen hatten zu tun: Sie bauen ein gutes Straßennetz und können diese Katapulte auch über Land transportieren und nicht bloß über See. Also das griechische Katapult plus römisches Straßensystem ergeben das *Imperium Romanum*. Und, wie Heidegger und Innis immer wieder angefügt haben, die Übernahme der persischen Reitercorps aus dem persischen Reich und die Übernahme des leichten Papyrus für die Befehlsstruktur des *Imperium Romanum* ab Cäsar und Augustus. Und dann kommt natürlich auch sofort bei Cäsar und Augustus die Verschlüsselung des lateinischen Alphabets, damit der Feind nicht mitlesen kann. Das ist alles so konsequent und folgerichtig. In meiner mittleren Zeit habe ich mich nur in der Neuzeit so ausgekannt, dass ich dort argumentieren konnte, aber jetzt, nachdem ich mich eingearbeitet habe und ein Hobby-Altphilologe geworden bin, kann ich meine Beispiele aus dem gesamten Raum Europas schöpfen und bin eigentlich sehr froh, dass das geht: Dass man mit Fug und Grund über die Jahrtausende hinwegblicken kann und nicht einfach kurzsichtig aus dem Odysseus der Odyssee den ersten Kleinbürger machen muss wie Adorno und Horkheimer die Dreistigkeit hatten.

TILL NIKOLAUS VON HEISELER ... in der *Dialektik der Aufklärung*. Also diese Reihenfolge, die leuchtet mir sehr ein, also dass man vom Radio, das ja abhörbar ist – da braucht man die Kryptographie, und die Kryptographie ist eigentlich die Grundlage des Computers. So könnte man das vereinfachend sagen ... Aber noch einmal zum Begriff der Seinsgeschichte: Wie ist es überhaupt möglich, Seinsgeschichte als Geschichte der Kulturtechniken oder Medien zu erzählen? In welchem Verhältnis stehen denn dann Sein und die Medien?

FRIEDRICH KITTLER Die klassische Ontologie, die erste Philosophie, wie sie Aristoteles in seiner Metaphysik begründet, hatte eben gar nichts mit Medien zu tun, weil das Seiende selbst als das Anwesende, als das Nahe, als das Bei-Sich-Seiende definiert war, und deshalb die Definitionen der Ferne, der Übertragung, der Speicherung von vergangener Zeit und der Berechnung des Unbekannten alle herausfielen aus der Theorie der vier Ursachen: Materie [causa materialis] und Form [causa formalis], Hersteller [causa efficiens] und Ziel, Endzweck [causa finalis]. Und von den vier Ursachen waren halt die Materie und die Form, also *Hyle* und *Morphé* oder eben *Eidos,* am wichtigsten und bezogen sich auf das konkrete Ding, das beim philosophischen Erkennen immer und immer schon anwesend war und das keinerlei Distanz – weder in sich noch zum Erkennen – produzierte. Die Ausnahme schon bei Aristoteles war eben nicht die Ontologie, sondern die Lehre von der Wahrnehmung, *Aisthesis*. Und da traten Medien in Gestalt von Luft und Wasser auf, durch die hindurch das Licht in unser Auge fällt und durch die Pupille hindurch und dann auf der Netzhaut, wässrig ankam als Bild, wenn man die Augenstrahlgeschichte mal weglässt. Mit Descartes' Versuch nun, Algebra und Ontologie zusammenzuführen, tauchen technische Medien zumindest der Sache nach auf: Das Modell des Regenbogens war ein Modell, in dem sich Brechung so lange rekursiv abspielt, bis die Farben des Spektralen, des spektralen weißen Sonnenlichtes, sich auflösen und als Regenbogen ein Vor-Newton'sches Prisma ergeben: ein Spektrum. Und um das denken zu können, war Descartes hingegangen und hatte sich diesen Tropfen in Gestalt einer riesigen hohlen Glaskugel auf den Schreibtisch gestellt. Da sahen wir schon fast den Moment vor uns, als aus den natürlichen Medien wie Wasser und Luft plötzlich ein technisches Medium namens Glas geworden ist, das Glas der Linse, das dann für Teleskopie und Mikroskopie so wichtig wurde. Das Licht breitet sich im Glas mit einer anderen Geschwindigkeit aus als in der Luft und deshalb entsteht Brechung. Diese optische Projektion spielte dann auch in Leibniz' Theorie der Monade eine Rolle, weil diese Monade einerseits der Prima Philosophia angehört, das Wesen eines jeglichen Seienden – besonders des lebendigen Seienden – ist, und andererseits ein optisches-akustisches Modell ergibt. Sie entsinnen sich, dass Leibniz dagegen protestierte, dass das menschliche Erkennen wie eine *camera obscura* funktioniere, in die die aktuell präsenten Eindrücke jeweils hereinfallen, und ohne diese Impressionen und Perzeptionen gebe es gar nichts. Leibniz' Modell dagegen war eine *Camera obscura*, deren Projektionswand nicht klar und plan und unbeweglich war, sondern beweglich schwingend wie eine Membran, wie das Trommelfell einer Trommel oder wie das Trommelfell im Ohr. Und diese Membran schwingt aufgrund aller Ereignisse in der Vergangenheit dieser Monade, sodass das räumlich

Ferne als Perzeption in die Monade hineintrat und das zeitlich Ferne, nämlich die Geschichte, immer weiter präsent blieb, in Gestalt dieser Schwingungen. Also aus der aristotelischen statischen Definition wird eine Theorie der Schwingung, der Resonanz.

TILL NIKOLAUS VON HEISELER Und genau an diese Resonanz, also das gegenseitige Erregen, können nun Strukturen gedacht werden, die man später dann auch Einschreibungsprozesse nennt. Aber was ich noch nicht ganz verstehe, ist, wie das genau funktioniert. Vielleicht müssen wir dazu noch einmal hinter die Aufschreibesysteme zurückgehen, um diesen wichtigen Übergang zu beschreiben, nämlich auf den von Ihnen mit Foucault und Lacan gelesenen *Don Karlos*?

FRIEDRICH KITTLER Oh, ja.

TILL NIKOLAUS VON HEISELER Und hier wird eine bestimmte Art des Denkens deutlich: die Reduktion. Wissenschaft ist die *richtige* Reduktion.[28]

FRIEDRICH KITTLER Genau.

TILL NIKOLAUS VON HEISELER Also nicht mit Derrida immer weitere Differenzen und Unentschiedenheiten provozieren, sondern mit Foucault alles auf wenige Prinzipien zurückführen. In der Mathematik spricht man in diesem Zusammenhang von Eleganz. Also die Hohe Karlsschule bei Stuttgart – so heißt sie doch oder? – ...

FRIEDRICH KITTLER Es wird ja immer gesagt, es gehe im Don Karlos um einen Angriff auf absolutistische Missstände, gegen den tyrannischen Herzog, und es wird diskutiert, ob das dramatische Gedicht – so nennt es Schiller – gelungen sei, denn, wie Sie wissen, fängt es ja zunächst mit einer Art ödipaler Familiensituation an. Karlos verliebt sich unsterblich in seine Stiefmutter, die Königin, und das Verhältnis zum Vater verbessert das auch nicht gerade, dann mutiert das Ganze zu einer Art pathetischem Freiheitsdrama und es geht gegen Absolutismus und Inquisition. Das fällt auseinander und

---

28 Vgl. Niklas Luhmann, *Die Wissenschaft der Gesellschaft*, S. 364.

niemand hat in 250 Jahren Schillerforschung gesehen, wie das alles zusammenhängt, auch Schiller selbst sieht es nicht. Er sagt, er habe einfach zu lange daran gearbeitet, statt es in einem Sommer fertigzubringen. Und der Zusammenhang von dem allen ist ganz einfach und liegt in der Person von Herzog Karl Eugen von Württemberg, der die Hohe Karlsschule gründet, an der Schiller seine Jugendjahre verbringt. Karl Eugen war ja, was man so aufgeklärt nennt, also der denkt sich: Wenn ich hinreichend autonome Beamte formen will, dann nicht allein mit Zucht und Prügeln, sondern dazu soll eine liebevolle Führung kommen, und führt deshalb so eine Art Tutoren-Prinzip ein, also einen philosophisch beschlagenen jungen Erzieher, nur ein paar Jahre älter, und auf der anderen Seite geht es natürlich weiter mit Drill und Überwachung. Da wundert es ja niemanden, dass dann schwärmerisch-schwülstige Freundschaften entstehen, also Zuneigung auf der einen Seite, Philosophie, Gespräche und so weiter, und Überwachen und Strafen aber auf der anderen, und aus der bösen Gewalt und Unterdrückung wird nun der angeblich freie Gehorsam geboren. Das hat auch nichts mit Gedankenfreiheit oder dergleichen zu tun, sondern es geht darum, die Leute zu programmieren.

~~TILL NIKOLAUS VON HEISELER Kontrollgesellschaft.~~
~~FRIEDRICH KITTLER Ja.~~
~~TILL NIKOLAUS VON HEISELER Aus der Disziplinargesellschaft wird die Kontrollgesellschaft.~~
FRIEDRICH KITTLER Der Schriftsteller wird von seinen Erziehern und Fürsten zu einer bestimmten Funktion programmiert.
TILL NIKOLAUS VON HEISELER Kybernetisch.
FRIEDRICH KITTLER Genau!
TILL NIKOLAUS VON HEISELER So wie ja das Buch von Wiener heißt: *Control and Communication in the Animal and the Machine.*[29]

[29] Norbert Wiener, *Cybernetics or Control and Communication in the*

FRIEDRICH KITTLER   Dafür braucht man also gar kein Hardware-Verständnis oder technisches Verständnis, sondern nur, wie Programme, Regulierungen, Automatisierungen usw. funktionieren. Und dann erscheint Franziska Gräfin von Hohenheim als 20 Jahre jüngere Gattin von Herzog Karl Eugen, und an die schreibt der junge Schiller überhitzte Huldigungsgedichte. Und Karl Eugen nennt sich natürlich der *Vater* seiner Schüler und einige sind es wohl auch leiblich, und so wird dann Franziska zur Mutter und gleichzeitig zum Gegenstand der sexuellen Erregung und zur geheimen, imaginären Masturbationsvorlage für die kasteiten pubertären Schüler. Und dann kommt es eben später bei Schiller – da ist er so 23, als er damit anfängt – zu einer Art Re-Inszenierung der Franziska in der Doppelrolle als begehrtes Objekt und als Landesmutter.

TILL NIKOLAUS VON HEISELER   Der Ödipus-Komplex ist also nicht zeitlos. Es ist nicht die unvergängliche Natur des Menschen, sondern eine besondere historische Konstellation und auch ein neues Kulturprogramm. Bei Freud fängt ja der Mensch mit dem Vatermord an: Aus einer Struktur, in der ein einziger Mann – der übermächtige Vater – alle Frauen begatten darf, wird durch den Mord an dem Vater eine Herrschaft der Brüder, wie er es in seinem wunderbar geschriebenen Totembuch sagt, in dem aber leider nichts stimmt.

FRIEDRICH KITTLER   Gar nichts.

TILL NIKOLAUS VON HEISELER   Im Gegenteil, richtige Hierarchien entstehen erst mit den ersten Hochkulturen und eben da, wo diese über Entwässerung und Bewässerung stabilisiert werden, weil das ganze System zusammenbricht, wenn die notwendig zentralistische Wasserversorgung zusammenbricht. Und so einen übermächtigen Vater gibt es nur bei den Gorillas und da entsteht eben ein starker Dimorphismus, also die Männchen sind viel größer und schwerer als die Weibchen, aber so einer lässt sich

---

Animal and the Machine, New York/Paris 1948.

~~bei den Hominini – so heißen die Vorfahren des Menschen, einschließlich der menschlichen Gattung – nicht finden.~~ Also Sie sagen, der Ödipus-Komplex ist keine menschliche Universalie, sondern eine Konstellation, die in dieser Zeit entsteht.

FRIEDRICH KITTLER Fürsten wie Carl Eugen erfanden und programmierten Maitressen, die zugleich Tochter und Geliebte waren, und praktizierten dann im inzestuösen Bett alle Tugenden eines väterlichen Erziehers, wie das bürgerliche Drama ihn gerade eben erfunden hatte. Und dann wird alles ganz einfach und implodiert sozusagen: Schiller ist Don Karlos und Don Karlos ist Schiller in der Karlsschule. Und dann kann man sehen, wie das pädagogische Programm in Schiller eingeschrieben wird und wie er dann daraus Literatur macht und unfreiwillig darüber schreibt, wie dieses Programmieren funktioniert.

TILL NIKOLAUS VON HEISELER Die Diskursregeln werden offengelegt und die sind bei Ihnen mit Erziehung verknüpft, und in den *Aufschreibesystemen* übertragen Sie das Modell dann auf die ganze Gesellschaft. Die Alphabetisierung wird zu Literatur und kommt dann in der Philosophie um 1800 an. ~~Bei Lacan bezieht sich der Begriff Diskurs und die Macht des Diskurses auf linguistische Strukturen und Zwänge, aber Sie machen diese Strukturen konkret adressierbar, und~~ Don Karlos ist da so geeignet und so interessant, weil hier beide Systeme ~~nebeneinander~~ koexistieren ~~pleonastisch gesagt~~: das alte System, das auf Macht und Furcht und Gewalt basiert und auf Überwachung, also auf dem, was Foucault die Disziplinargesellschaft nennt, die bis in die Fabriken und Kasernen und Schulen des 20. Jahrhunderts reicht und die über Einschluss funktioniert einerseits, und andererseits die Kontrolle und Programmierung mittels sogenannter humanistischer Gedanken, die immer mit dem Pathos der Freiheit gekoppelt ist. ~~Diese Letztere ist eigentlich ein sehr viel perfideres Mittel der Macht, weil jeder den Wunsch nach Anpassung in sich trägt und genau das dann für den Freiheitsdrang hält. Und das alles lässt sich an Don Karlos vorzüglich verdeutlichen.~~ Und jetzt wollte ich kurz, nur

damit Ihre Theorie an Kontur gewinnt, erzählen, wie sich
Niklas Luhmann, Ihr großer Gegenspieler oder Antipode,
den Übergang vom Mittelalter zur Neuzeit ...

FRIEDRICH KITTLER Mit Gutenberg doch.

TILL NIKOLAUS VON HEISELER ... vorstellt. Zunächst
einmal erklärt Luhmann das Problem zu einer Paradoxie
und die Evolution als Transformation eines unlösbaren
Problems in ein generatives und nimmt da, glaube ich, in
einer Fußnote Bezug auf mathematische Kalküle und ihre
Temporalisierung.

FRIEDRICH KITTLER Ja?

TILL NIKOLAUS VON HEISELER Und die evolutionären Brüche beschreibt er als Umbau einer Entstehungsunwahrscheinlichkeit in eine Reproduktionswahrscheinlichkeit, was schön ist, aber eben auch ein bisschen tautologisch und nicht sehr konkret. Das Einzige, was hier sinnvoll gesagt ist, ist, dass jedes Stadium von Kultur oder Kommunikation nur existiert, weil sich etwas ständig selbst reproduziert und in Bewegung bleibt. Und das Auftauchen der Sprache ist für Luhmann die Bedingung der Evolution und er sagt: *Die Sprachkodierung ist die Muse der Gesellschaft.*

FRIEDRICH KITTLER *erstaunt* Ja?

TILL NIKOLAUS VON HEISELER Wörtlich. So und nicht anders. ~~Gesellschaft ist ja bei Luhmann Kommunikation, also nicht etwa eine Ansammlung von Menschen, sondern *Kommunikation* und *Gesellschaft* werden streng synonym gebraucht.~~ Nun leuchtet es ein, dass, wenn es um Kommunikation geht und um die Evolution dieser Kommunikation in der Geschichte, die Sprachcodierung eine Rolle spielt, aber was heißt in diesem Zusammenhang Muse? Sind damit die Schutzgöttinnen der Künste gemeint oder, wie der Singular nahelegt, die Muse in Form einer jungen Frau, der die Aufgabe einer Quelle der Inspiration zukommt? Jedenfalls bestimmen die Musen, was gelingen kann und was nicht. ~~Und wenn die Sprachcodierung sich ändert, dann verändert sich alles.~~ Und in diesem Sinne wird der Plural der Musen unausweichlich: Die Muse des Sprechens, die Muse der Bildschrift, der Silbenschrift, die semitische Muse, also die der Konsonantenschrift, die Muse der Antike, also der Vokalschrift, die schwarze Muse der Druckpresse, die Morse-Muse – MM, die Muse der ferntechnisch übermittelten Stimme, in den Varianten Draht und *wireless*, also Radio, und endlich die Cybermuse, die tausendköpfige, die alle anderen frisst. Das wären Codierungen, von denen die Medientheorie sprechen könnte. Aber es gilt ja seit Sappho, dass man Kochrezepte genauso aufschreiben kann wie unsterbliche Gedichte oder eben auch Gesetze. ~~Also worum geht es? Geht es um Liebe oder geht es um Recht oder etwa um Geld?~~ Es kommt also zu einer sehr besonderen Rekursion: Die Unterscheidung von System und Umwelt wird in das System wiedereingeführt. Und nun kann sich das System in jeder Operation an eben dieser Unterscheidung orientieren, und das eben ist *Sinn*, eine Zwei-Seiten-Form, die Luhmann deshalb, weil sie der Kommunikation innerhalb eines Systems zum Erfolg verhelfen, als *symbolisch generalisierte Kommunikationsmedien* nennt. Aber es gibt eben auch *symbolisch generalisierte Kommunikationsmedien*, die keine Systembildung zustande bringen, etwa die Liebe, aber auch sie, die Kodierung von Intimität, schließt an vorgängige Sinnverwendung an, und diese kommt, so Luhmann, maßgeblich aus der Romanliteratur. Und die Beobachtung ist, dass mit dem Auftauchen des Buchdrucks eine Entwicklung beginnt, die in die sogenannte ausdifferenzierte Gesellschaft führt. Damit ist gemeint, dass sich die unterschiedlichen symbolisch generalisierten Kommunikationsmedien voneinander emanzipieren während in traditionellen Gesellschaften Recht, Moral und Wahrheit eine Einheit in der Religion bilden. ~~Die neue interaktionsfreie Kommunikation, also die Bücher, stellen eine Überforderung dar und darauf reagiert dann die Gesellschaft. Und jetzt muss es bestimmte Einrichtungen geben, dass diese Kommunikation angenommen wird, und dafür führt er diese *symbolisch generalisierten Kommunikationsmedien*~~

~~ein, also so etwas wie die Unterscheidung zwischen Recht und Unrecht oder die zwischen wahr und unwahr ...~~
FRIEDRICH KITTLER ~~... na ja, die ist ja wohl älter ...~~
TILL NIKOLAUS VON HEISELER ~~Natürlich ist die Unterscheidung älter, aber das Erstaunliche an der Neuzeit ist, und natürlich gibt es hier Vorläufer bis in die Antike, dass die Frage, was Recht oder Unrecht ist, das Rechtssystem regelt und die Frage der Wahrheit in der Wissenschaft behandelt wird.~~[30] Das heißt, die moderne Gesellschaft zeichnet sich gerade dadurch aus, dass ein Wissenschaftler eine Wahrheit formulieren kann, ohne dadurch einen Machtanspruch geltend zu machen, ohne dass der Wissenschaftler sich als guter Mensch profilieren muss und ohne davon einen Rechtsanspruch abzuleiten. Aber dass diese Ausdifferenzierung so weit kommt, führt

---

30 Luhmann unterscheidet zwischen einer stratifizierten Gesellschaft, also einer Adelsgesellschaft, die von jeder Hochkultur hervorgebracht wird oder diese hervorbringt, und einer modernen oder ausdifferenzierten Gesellschaft. Der Unterschied besteht darin, dass in stratifizierten Gesellschaften eine Spitze existiert, die das Ganze repräsentiert, also etwa der König oder Herrscher oder Gott=Herrscher oder Pharao, und dass Recht und Wahrheit und Schönheit und Moral usw., aber auch die Heiratsregeln, in der religiös geprägten Tradition miteinander verbunden sind und unterschiedliche Aspekte eines einzigen Wertes oder Sinnes darstellen. Die ägyptische Mathematik ist eine dienende Kunst ist, die sich der Praxis – etwa der Kornspeicherung und -verwaltung, der Mathematiker und der Astronom unterstehen dem Hof des Pharaos. Die griechische Mathematik dagegen, die von Philosophen betrieben wird, besteht in einem Widerstreit um Wahrheit und bringt so die freie Wissenschaft hervor, in der es nur noch um Wahrheit geht und nicht mehr um Nutzen oder Moral oder Recht oder Überlieferung. Im christlichen Mittelalter fallen die Wahrheit und das Gute und das Recht und die Moral im einzigen Gott und seiner Offenbarung in eins. Das Gute ist die Wahrheit und gleichzeitig die moralische Instanz, das Recht, denn jedes der drei ist der sich selbst offenbarende Gott. Und allein durch die Offenbarung Gottes – in der Kirche und im Buch der Bücher – ist dem Menschen die Möglichkeit gegeben, an der Wahrheit teilzuhaben. Also die Fragen nach der Moral, dem Recht, dem Guten, der Macht, der Wahrheit gehören hier zusammen. Ein Wahrheitsanspruch ist also im Mittelalter gewissermaßen auch ein Machtanspruch. Die Kreuzzüge sind Wahrheitskriege. Und der Übergang zur Neuzeit oder Moderne (die Begriffe werden bei Luhmann als synonym verwendet) besteht darin, dass es angesichts des Buchdruckes zu einer Ausdifferenzierung der gesellschaftlichen Funktionssysteme kommt, die jeweils von einem symbolisch generalisierten Kommunikationsmedium bestimmt sind: also das Recht bestimmt das Rechtssystem, die Macht das politische System, die Wahrheit das Wissenschaftssystem usw.

Luhmann, und da ist er dann doch Kulturtechniker, auf den Buchdruck zurück. Neue technische Medien tauchen bei Luhmann als Störung und Irritation auf. Oft ahmen ja die jüngeren Medien die älteren nach und werden dann aber oft als defizitär beschreiben. Ein Brief ist eben doch nicht so schön wie ein Beisammensein, und die Gutenberg-Bibel am Ende doch nicht in liebevoller Handschrift entstanden. Aber gleichzeitig kommt es zu einer Anpassung, die im Grunde eine Überforderung kompensiert, weil durch die Medien Überschüsse produziert werden. Und die Antwort auf das Auftauchen eines neuen Mediums ist eine Veränderung der Gesellschaft, also der sozialen Struktur, der Kommunikation. Damit ist eben gesagt, dass der Übergang problematisch oder kritisch ist: Die alten Strukturen werden durch das neue Medium aufgeweicht, was in der Regel von den Beteiligten als schmerzhaft erlebt wird. Entschuldigen Sie, wenn ich jetzt so viel rede, aber alle Akte laufen auf den letzten zu, der *Zukunft* heißt und die Spitze der Pyramide bildet und in ihm wollen wir uns doch mit dem beschäftigen, was die Zukunft bringt, was auf uns zu kommt, und dafür wäre es doch wunderbar, diese beiden Konzeptionen in Verbindung zu bringen und aus ihnen die Zukunft zu lesen. Und nun die abschließende, diesen zweiten Akt abschließende Frage: Was ist die Logik des Ereignisses, des Buches zwischen zwei Epochen? Wie kommt es zu den Abschnitten in der Seinsgeschichte und zum Übergang? Woher kommt denn beispielsweise die Neuzeit? Wie kommen wir von einem System, wo alles Wissen Überlieferung ist, in Kirche und Bibel Ausgestaltung findet, wie kommen wir aus so einem Zustand in eine Neuzeit, wo plötzlich behauptet wird, dass der Mensch sich seinen Sinn zu geben habe?

FRIEDRICH KITTLER   Ich möchte mich jetzt ungern wiederholen; ich liebe diese wahre oder fiktive Ur-Szene, nach welcher Brunelleschi das erste perspektivische Bild dank einer *Camera obscura* gemalt hat. Er hat eine reale *Camera obscura* benutzt, um das Baptisterium von Florenz vom Hauptportal des Domes *Santa Maria del Fiore* auszumalen. Und damit nimmt zum ersten Mal ein Maler einen Punkt, diesen einen Punkt in Raum und Zeit ein, und jeder, der das Bild ansieht, ist verpflichtet sozusagen, sich virtuell an denselben Ort zu begeben. Das ist die historische Hypothese von Samuel Y. Edgerton.[31] Der direkte Schüler von Brunelleschi, Alberti, überträgt das dann in die Mathematik, in die Geometrie hinein – man kann Bilder jetzt geometrisch konstruieren. Ich habe mal einen schönen Vortrag von Hans Belting gehört, der sagte, die Theorie der Perspektive ist quasi schon den mittelalterlichen Arabern gegeben – aus Gründen des Bilderverbots können die aber kein Tafelbild daraus generieren, sondern nehmen an, das sei ein geistiges Bild im Bewusstsein oder in der *intentio*. Und deshalb macht Europa diesen Sprung über seine arabischen Lehrmeister hinweg, die wiederum selber einen Sprung über Aristoteles hinweggemacht haben, weil Aristoteles der erste war – der Pseudo-Aristoteles wahrscheinlich –, der gesagt hat, man müsse, wenn man die Sonne beobachten wolle, ohne sich die Augen zu blenden – jenseits der Sonnenfinsternis – durch ein winzig kleines Loch hindurchgucken in die Sonne hinein; damit ist das Prinzip der *camera obscura* geboren und dieses Prinzip übertragen die Araber dann – konstitutiv für das arabische Mittelalter – in die Trigonometrie von *sinus, cosinus, tangens* und *cotangens*. Das erfinden sie alles, und die europäische Renaissance ist im Wesentlichen eine Ausweitung dessen: Regiomontanus, der größte Trigonometer der Renaissance, und Alberti waren Freunde oder kannten sich auf jeden Fall gut. Also das hängt, wie Brian Rotman gesagt hat, mit dem Zusammenfluss der Zentralperspektive zusammen, mit dem Fluchtpunkt, dem Loch der *camera obscura*, der Null, dem Loch der zehnten Ziffer, die erst spät in Europa ankommt. Die stiftet sozusagen die Rahmenbedingungen

---

31 Samuel Y. Edgerton, *The Mirror, the Window, and the Telescope: How Renaissance Linear Perspective Changed Our Vision*, Ithaca, New York 2009.

oder eben das *historische Apriori* der Neuzeit; und da unterscheiden sich, glaub' ich, meine Sachen dann doch sehr von Heidegger und Hans Blumenberg, die eben im Wesentlichen beide der Abfolge der philosophischen Systeme die treibende Rolle zusprechen, wenn also bei Blumenberg der späte Nominalismus die Neuzeit triggert, wie dargestellt in der *Legitimität der Neuzeit*.[32]

TILL NIKOLAUS VON HEISELER Dies war der zweite Akt, der da hieß *Unsterblichkeit*. In ihm ging es um die Werke und ihre Bedingung. Zunächst haben wir gesehen, dass Medienwissenschaft nicht nur Theorie weiterdenkt, sondern auf das Auftauchen von Medien reagiert. Und dass Sie sich selbst von der aktiven Benutzung von Medien und später auch ihrer Konstruktion leiten ließen. Und es könnte sein, dass der Unterschied zu Leuten, die beispielsweise die Rhetorik von Goebbels' Radioreden analysierten, eben darin liegt, dass diese Leute nie versucht haben, ein Radio zu bauen. Wenn man die Medien selbst in die Hand nimmt, lassen Sie mich bitte ein bisschen Schulfunk machen, dann sieht man natürlich sofort, dass es ohne das Radio die besagten Reden gar nicht hätte geben können und dass interessanterweise auch auf der technischen Ebene der Zweite Weltkrieg aus dem Ersten folgte. Denn das Radio ist erst einmal Heerestechnik und entsteht, weil man Funk nicht wie Kabel zerschneiden oder zerschießen kann. Und dann wird diese Technik zunächst zivil und dann zum Propagandainstrument. Und aus der Notwendigkeit, die sich daraus ergibt, dass man die Funksprüche abfangen kann, entsteht dann die Kryptografie als Grundlage des Computers, der ein Kind des Zweiten Weltkrieges ist, einerseits mit Turing und der Entschlüsselung der *ENIGMA* und andererseits mit John von Neumann und dem Rechnen der Atombombe. Das hat mich immer sehr fasziniert, wie einerseits der Krieg die Technik voranbringt und damit neue Voraussetzungen

---

[32] Hans Blumenberg, Die Legitimität der Neuzeit, Legitimität der Neuzeit, Frankfurt am Main 1996.

~~und Kulturtechniken schafft, und andererseits auch die Theorie – also vor allem die Mathematik – den Bogen zurückschlägt und Grundlage wird für den Krieg. Die Nagasaki-Bombe wurde ja zum Teil aus Forschungsgründen abgeworfen, um zu sehen, ob diese zweite, anders gebaute Bombe auch zünden würde, also ob sich die Leute vom *Manhattan-Projekt* verrechnet hatten oder nicht.[33]~~ Und in dieser Hinwendung zu den Apparaten besteht eine ganz merkwürdige, des Merkens würdige, Bewegung. Der große frühe Paradigmenwechsel des 20. Jahrhunderts ist ja zunächst die Wendung zur Sprache und zum Zeichen, und man kann fast alle späteren Umbrüche und Innovationen in den sogenannten Geisteswissenschaften, in der Philosophie und Soziologie darauf zurückführen, also Strukturalismus, Diskursanalyse, Dekonstruktivismus, Konstruktivismus, Systemtheorie, die Umbrüche in der französischen Psychoanalyse. Und einerseits steht Ihre Medienwissenschaft in dieser Tradition, aber andererseits bricht sie auch mit ihr, weil sie darauf aufmerksam macht, dass doch nicht alles philologisch gefasst werden kann und es die Medien und Institutionen sind, die unser Wissen formen. Das, was wir zu einer bestimmten Zeit und in einer bestimmten Gesellschaft für wahr halten, ist also dadurch bestimmt, welche Kulturtechniken eine Gesellschaft konstituieren. Und ich möchte hier eine Stelle aus den *Optischen Medien* zitieren, die den Punkt trifft: »Die nackte These, um sie gleich vorauszustellen, würde lauten: Man weiß nichts über seine Sinne, bevor Medien Modelle und Metaphern bereitstellen. Um diese schroffe These zu plausibilisieren, gebe ich zwei historisch extrem entgegengesetzte Beispiele: a) Als in Athen die alphabetische Schrift, dieses neue

---

33 Die über Nagasaki abgeworfene Bombe, die den Namen *Fat Man* trug, war eine Implosionsbombe. Diese bestand aus Plutonium 239, während die am 6. August 1945 (am siebzehnten Geburtstag von Andy Warhol und dem späteren Todestag von Theodor W. Adorno) über Hiroshima von der *Enola Gay* abgeworfene *Little Boy* genannte Bombe in der Hauptsache aus *Uran 235* bestand.

Medium der attischen Demokratie, von Staats wegen standardisiert wurde, entstand bekanntlich auch die Philosophie als sokratisches Gespräch, das der Schüler Platon dann verschriftlichte. Damit war die Frage auf den Tischen, was das war, das die Tätigkeit Philosophieren überhaupt ausüben konnte. Die Antwort hieß aber nicht: das neue ionische Vokalalphabet, wie ein Medienhistoriker von meinem Schlag hätte antworten müssen, die Antwort hieß vielmehr: Es ist der Mensch mit seiner Seele, der da philosophiert. Bleibt also zwischen Sokrates und seinen begeisterten, weil geschmeichelten, Gesprächspartnern nur noch zu klären, was diese Seele selber war. Und siehe da: zur Definition der Seele bot sich also gleich die Wachstafel an, jene *Tabula rasa*, in die die Griechen mit einem Schreibgriffel ihre Notizen und Briefe einritzten. So kam als Fluchtpunkt der neuerfundenen Seele schließlich denn doch – in der Verkleidung der Metapher, die eben keine bloße Metapher war – die neue Medientechnik zur Sprache, die diese Seele hervorgerufen hat. b) Um 1900, also unmittelbar nach Entwicklung des Films, scheinen sich die Fälle von Bergsteigern, Alpinisten und womöglich auch Schornsteinfegern gehäuft zu haben, die einen fast tödlichen Absturz von Bergen oder Dächern trotz allem überlebten. Wahrscheinlich allerdings, dass sich nicht die Fälle, sondern die wissenschaftlichen Interessenten an ihnen gehäuft haben. Jedenfalls machte bei Medizinern wie Dr. Moriz Benedict, aber auch bei mystischen Anthroposophen wie Dr. Rudolf Steiner sofort eine Theorie die Runde, die als Gerücht wahrscheinlich noch bis zu Ihnen gedrungen ist. Die Theorie besagte, dass die Abstürze (oder nach anderen Beobachtungen auch die Augenblicke des Ertrinkens) im sogenannten Erlebnis – einem philosophischen Schlüsselbegriff jener Zeit – gar nicht schrecklich oder angstbesetzt seien.
In der Sekunde des drohenden Todes würde vor dem inneren Auge vielmehr in rasendem Zeitraffer der Film eines ganzen gewesenen Lebens noch einmal ablaufen, ob vorwärts oder rückwärts, ist mir unklar. Man sieht je-

denfalls: Die Seele von 1900 hatte schlagartig aufgehört, ein Gedächtnis in Form von Wachstafeln oder Büchern wie bei Platon zu sein; sie war technisch fortgeschritten und zum Spielfilm geworden.« – Zitatende. Mit diesem Ansatz wird die Geistesgeschichte zwar nicht zur Technikgeschichte, aber sie bekommt eine kulturtechnische Basis und Erfinder wie Edison oder auch Mathematiker wie Alan Turing und John von Neumann werden zu *Ingenieuren des Weltgeistes*. Punkt.

backstage 02

TILL NIKOLAUS VON HEISELER Das war doch sehr aufschlussreich, nicht? Wie fandet ihr denn das?
KAMERAMANN Gut.
TONMANN Joah.
TILL NIKOLAUS VON HEISELER Entschuldigen Sie, dass ich die Frage zum Bruch zur Neuzeit zweimal gestellt habe, aber es interessiert mich einfach wahnsinnig: Die Evolution und ihre Brüche. Wie wird aus dem einen das andere und warum dies und nicht das? Wie kommt das Neue in die Welt? Darauf zielen wir ja gewissermaßen auf den V. Akt, der *Zukunft* heißt. Es gibt eine geheime Dramaturgie: in Pyramidenform. Ich möchte das kurz erklären, weil es ja das ist, worauf das Gespräch zulaufen soll: *Die Flaschenpost an die Zukunft*. Und ich habe mir auch noch einmal Gedanken gemacht in Vorbereitung auf dieses Gespräch mit Ihnen. Man kann das vielleicht an Hand des Impressionismus erzählen, was ich meine: die Stoßrichtung des Gesprächs. Warum malen plötzlich Leute etwas, das anders aussieht, als was wir sehen?
FRIEDRICH KITTLER Die Fotografie wird erfunden …
TILL NIKOLAUS VON HEISELER Genau. Das ist die erste Antwort: Na ganz einfach: Durch das Entstehen der Fotografie werden die Porträtmaler arbeitslos oder werden Fotografen, und die, die bei der Malerei bleiben wollen,

die müssen Bilder produzieren, die sich deutlich von den
Fotografien unterscheiden. Denn was Realismus angeht,
ist die Fotografie unschlagbar. Gut, eins. Zwei: Für den
Impressionismus spielt es eine große Rolle, dass man
seine Staffelei in der Landschaft aufstellen kann, dafür
braucht man Tubenfarben. Ohne Tubenfarben wäre das
nicht möglich gewesen. Sozusagen die *causa materialis*.
Den dritten Grund, den brauchen wir eigentlich nicht
auszuführen, das ist die klassische Kunstgeschichte, wie
aus einer Form eine andere wird. Die *Formursache*.
Vier: Zwei zukünftige Impressionisten sitzen im Park
und trinken und malen, und malen und trinken, und
malen das Flüsschen mit seinen Wellen und fangen nun
an, diese Wellen – von Alkohol beflügelt – über das
ganze Bild zu malen. Und wissen Sie, was mir dabei
aufgefallen ist? Ich habe es gerade schon angedeutet,
diese vier Konzepte, wie das Neue in die Welt kommt,
entspricht den vier Gründen des Aristoteles. Ein Malen,
welches bewusst der Fotografie ausweicht, das hat mit
der Finalität zu tun, mit der Funktion der Malerei, der
Selektion in Bezug auf eine Funktion. Die Tubenfarbe mit
dem materiellen Grund, die Form- oder Kunstgeschichte
mit der Formursache und der Zufall und der Eigensinn
mit der viel geschmähten *causa efficiens*. Und dies eben
wäre die Variation – ich meine jetzt die *causa efficiens:
Zufall und Genie* –, während die Funktion, also der
finale Grund, die *Zweckursache*, die Selektion darstellt.
Und die Frage nach dem Autor ist die Frage danach,
ob eben die Variation durch einen genialen Geistesblitz
oder durch einen Zufall in die Welt kommt. Man könnte
also das erste impressionistische Bild auch dem Genie
zurechnen. Und in diesem Zusammenhang ist es vielleicht
nicht unerheblich, dass die Impressionisten anfangs
alle in großer Geldnot waren. Also: Zufall oder Genie?
Oder: Zufall und Eigensinn? Genie und Eigensinn sind
Synonyme: Eigen-Sinn – den es ja nicht geben kann, wie
es eben auch Genie nicht geben kann, also keinen Geist
aus sich selbst, wohl aber ein Talent, das schon, aber ich

will mich jetzt nicht verheddern. Also Zufall oder Genie: Beispiel Zufall: *Short Message Service,* bekannt als SMS, ursprünglich Nebenprodukt, Teil des Signalisierungskanals zum Rufaufbau oder was weiß ich, und schließlich wird es zum Hit. Hatte sich keiner vorgestellt, also Zufall und nicht Genie. Was aber ist mit den zunächst fast verhungernden Impressionisten, denn vielleicht mögen viele Maler davor schon aus Spaß Wellen gemacht haben oder vielleicht sogar schon geometrische Figuren. Stellen Sie sich das mal vor: Alberti malt ein Quadrat, schwarz, aber er stellt es eben nicht aus. Das ist ja Duchamps Leistung, dass er die Bedeutung des Kontextes und letztlich der künstlerischen Setzung klärt. Und deshalb kann Malewitsch zur etwa gleichen Zeit sein Schwarzes Quadrat ausstellen. Das alles nur am Rande, um zu sagen: Es kommt gar nicht darauf an, dass man besoffen Wellen malt, sondern darauf, dass man dann nüchtern sagt: Seht mal her, das ist es! und dabei bleibt und im Notfall bereit ist, dafür zu hungern. Es geht also in den meisten Fällen dann doch nicht ohne Autor, und der zeigt sich eben in seiner Hartnäckigkeit. Für mich gehören also Zufall und Hartnäckigkeit oder Eigensinn zusammen und bilden gewissermaßen die Wirkursache, *causa efficiens*. Zufall und Genie. Und vielleicht können wir versuchen zu erzählen, wie Medienwissenschaft als Meta-Geschichte in die Welt kam. Also die französischen Semantiken, Zufall und Eigensinn, wobei sich ja die Materialität der Theoriebildung selbst in den 80er Jahren gar nicht so grundsätzlich verändert hat, und schließlich der Computer, der nach einer Theorie ruft: die finale Ursache ist nichts anderes als die Selektion, und diese lag in der Zeit. In den achtziger Jahren tauchten die ersten Computer auf den Schreibtischen auf und genau dort wollte man natürlich wissen, was Medien vermögen. Soviel zur Durchsetzung der akademischen Disziplin, aber natürlich gab es noch ganz andere finale Ursachen und Ziele, nämlich militärischer Art. Sie haben das ja schon ausgeführt. Radio, der Erste Weltkrieg und der Computer, der Zweite

Weltkrieg, Kryptografie und Atombombe. Also Turing und von Neumann; also auch hier wieder zwei sehr aparte Persönlichkeiten – gelinde gesagt. Wir werden auf all dies zurückkommen. Ich wollte Ihnen nur hier zwischen den Akten – between the acts – im geschützten Raum der Backstage ein bisschen was von der inneren Struktur des Gespräches erzählen. Und die ist so: I. Akt: Die semantischen Ausgangspunkte, also Heidegger und Foucault und Lacan und Derrida [*causa formalis*], II. Akt Ihre Theorie: Das Aufmerksammachen auf die Materialität und Medialität des Daseins [*causa materialis*], III. Akt: Die Anfechtungen und – das hätte ich dazusagen sollen – ihre Überwindung. Also, Sie setzen sich durch, Ihre Theorie wird positiv selektiert, nicht zuletzt deshalb, weil angesichts des Computers Film- und Fernsehgeschichte zu einer historischen Wissenschaft wird und weil durch das Auftauchen eines neuen Mediums die Bedeutung der Medialität in den Blick rückt [*causa finalis*]. Und IV. der nun schon viel zitierte IV. Akt. Zufall und Genie oder Zufall und Eigensinn, was mehr oder weniger auf das Gleiche hinausläuft. Und da soll es eben um Ihr Leben gehen und die Vorlieben und Prägungen und die Zufälle und Zusammenbrüche, die Bewegungsursache und Wirkungsursache, *causa efficiens*. Die passt schon zum Autor nicht. Aristoteles bringt doch das Beispiel des Schmiedes. Und diese vier Akte kann man sich praktisch als ein Quadrat vorstellen und alle laufen auf den V. Akt zu, der die Spitze der Pyramide bildet. Und diese Spitze ist die Zukunft. Eine schöne und auch schlimme Sache an der Zukunft ist ja, dass sie Potentialität oder Possibilität – Möglichkeitsraum – ist und dass so viele Wege aus dem Hier und Jetzt abzweigen, aber nur einer gegangen werden kann. Alles ist möglich, heißt ja nicht, dass alles gleichzeitig und parallel realisierbar wäre.

FRIEDRICH KITTLER   Ich bin wahnsinnig erschrocken, als ich 33 wurde. Das ist das Alter, als Jesus gekreuzigt wurde: mit 33. Und dann fällt einem immer ein: *Nel mezzo del cammin' di nostra vita // mi ritrovai per una selva*

oscura, // ché la diritta via era smarrita.
TILL NIKOLAUS VON HEISELER   Der Anfang der *Göttlichen Komödie*.
FRIEDRICH KITTLER   *Divina Commedia*. Dante mit 33. In der Mitte unseres Weges unseres Lebens fand ich mich in einem finsteren Walde wieder, weil ich vom rechten Weg verirrt mich hatte. – Die *Göttliche Komödie*, wahrscheinlich begonnen, als er 33 war. – Ich hatte Unmengen von Zettelkästen und Exzerpten und wollte unbedingt ein endlos langes Buch über die Farbe des Mondes in der europäischen Dichtung schreiben und habe Tausende von Zetteln: silberner Mond, goldener Mond, grüner Mond (Trakl), blauer Mond …
TILL NIKOLAUS VON HEISELER   … und roter Mond. Der Mond über Soho. Bilbao. *Trommeln in der Nacht* usw.
FRIEDRICH KITTLER   Natürlich. Und mit 33 habe ich dann begriffen, dass ich nicht alle Zettelkästen zu Büchern machen kann, sondern dass ich es mir aussuchen muss. Das war ein furchtbarer Schreck.
TILL NIKOLAUS VON HEISELER   *sehr ernst* Ja, das versteh' ich. Ich habe letztens auf meinem Computer das Wort Medien gesucht in dem von mir Geschriebenen und habe dann über 3535 Texte angeboten bekommen.
FRIEDRICH KITTLER   Nur eigene Texte?
TILL NIKOLAUS VON HEISELER   Ja. Und dann denke ich, was ist das für ein Dreck? Was soll das denn alles?
FRIEDRICH KITTLER   Was soll das!?
TILL NIKOLAUS VON HEISELER   Und dann wandelt sich auch vieles: der eigene Wissensstand.
FRIEDRICH KITTLER   99 % stimmt nicht. Furchtbar.
TILL NIKOLAUS VON HEISELER   Das freut mich jetzt aber, dass es Ihnen genauso geht. Nicht aus Schadenfreude, sondern damit ich in meinen Texthaufen nicht ganz alleine sitze. – Und dann ist das alles nicht präzise und man muss dann alles noch mal umschreiben. ~~Leider ist es bei mir oft so, dass das Falsche klingt, also manchmal formal gelungen ist, und das Richtige stilistisch bedenklich.~~ Ich mache das ja immer so: Am Anfang steht die Idee; auch

weil ich vieles gar nicht kenne, und dann versuche ich meine Idee mit dem aktuellen Stand des Wissens zu konfrontieren, was meistens sehr mühsam wird und oft auch sehr unerfreulich.

FRIEDRICH KITTLER Sehr unerfreulich!

TILL NIKOLAUS VON HEISELER Ach, das geht Ihnen auch so? Ich dachte, das ist nur das Schicksal der Autodidakten.

FRIEDRICH KITTLER Nein, nein. Das ist so bei allen. Bei allen, die was Neues machen.

TILL NIKOLAUS VON HEISELER Also, doch bei wenigen.

FRIEDRICH KITTLER Ja, bei sehr wenigen.

TILL NIKOLAUS VON HEISELER ~~Aber die Frage ist doch eine andere, nämlich, ob man Textproduktion vollkommen neu denken sollte. Also wir führen ein Gespräch, und dann wird es abgeschrieben, und dann können andere in den Diskurs einsteigen. Es muss ein Programm, also Regeln geben, und es muss ein Archiv geben, aus dem man sich bedienen kann: Wissenstheater oder *Medientheater*, weil ja die Medien und Formate das Wissen gestalten. Oder man macht Folgendes: Man schreibt ein Buch in aller poetisch-wissenschaftlichen Kryptik und dann mache ich Gespräche beispielsweise mit meiner Tochter.~~

~~FRIEDRICH KITTLER Emilia.~~

~~TILL NIKOLAUS VON HEISELER Emilia. Sehr richtig. Und ich erkläre ihr die Dinge, die ich geschrieben habe, und wir schreiben unsere Parts aus und können dann entsprechende Personen integrieren. Diese Personen werden ausgewählt, jeweils nach den offenen Fragen. Die Idee ist, einfach unterschiedliche Medien und Formate zu nutzen, Radiogespräch, Chat, verbales Gespräch. Man kann das Bestehende immer weiter popularisieren, je nachdem, welchen konkreten Adressaten oder Gesprächspartner man einbezieht.~~

~~FRIEDRICH KITTLER Ja.~~

~~TILL NIKOLAUS VON HEISELER Also esoterische Texte und exoterische in Dialogform.~~ Wie denken Sie denn, ist es bisher gelaufen? Und vor allem, wie fanden Sie das

mit meiner Einordnung – Luhmann und Kittler mit der Klammer Foucault?
FRIEDRICH KITTLER Wunderbar.
TILL NIKOLAUS VON HEISELER Ich finde es ja auch toll, dass Sie trotz dieser ganzen Differenzen und dieser Komplementarität sich dennoch gegenseitig mochten.
FRIEDRICH KITTLER Wir wussten immer beide, dass wir so ineinandergreifen wie zwei Hände. Das war furchtbar, als er dann seine tödliche Krankheit hatte, deren Namen ich nicht nennen will, und wir ihn an beiden Armen tragen mussten über den Gendarmenmarkt, da er nicht mehr laufen konnte, weil die Muskeln atrophieren und so weiter, da hat er dann *unverständlich*. Es war so rührend. Ich habe einen kleinen Aufsatz darüber geschrieben. Meine Erinnerungen an Luhmann.
TILL NIKOLAUS VON HEISELER *Gibt es eigentlich den Berliner Zoo noch?*
FRIEDRICH KITTLER *Gibt es eigentlich den Berlin Zoo noch?* – Mit einer ganz hellen Stimme.
TILL NIKOLAUS VON HEISELER *Luhmann imitierend* Er hat ja ganz hoch gesprochen.
FRIEDRICH KITTLER *ebenfalls Luhmann imitierend* ganz hoch gesprochen, ja. Und er hatte eine derartige Verachtung.
TILL NIKOLAUS VON HEISELER Wofür?
FRIEDRICH KITTLER Wissen Sie, Herr Kittler, dass Jürgen Habermas HJ-Führer in Köln-Gummersbach war? *wieder mit normaler Stimme* und den Eltern von Hans-Ulrich Wehler einen Brief geschrieben hat, dass Hans-Ulrich Wehler, der große Bielefelder Historiker, nicht oft genug in die HJ-Veranstaltungen komme, mit deutschem Gruß Jürgen Habermas. Und dann wurde er ganz wütend und sagte: Meine Eltern waren seit dem XIV. Jahrhundert hanseatische Kaufleute, väterlicherseits, und Züricher Patrizier, mütterlicherseits, seit Zwölfhundert, und deshalb waren wir deutsch-national, während Habermas quasi in die Waffen-SS eingetreten wäre und ich natürlich in die Wehrmacht gegangen bin. Luhmann

stand mit einer Panzerfaust zur Verteidigung der Brücke
von Remagen – die damals Ludendorff-Brücke hieß – auf
der rechten Rheinseite, und dann machte es Zisch und
sein Freund neben ihm aus dem Gymnasium, der stand
neben ihm mit 'ner Bazooka, und er guckt hin und es
war nicht einmal mehr eine Leiche übrig.

TILL NIKOLAUS VON HEISELER Und dann die Fragen: Warum er? Warum nicht ich? – Kontingenz.

FRIEDRICH KITTLER Und warum: weg. Warum nicht
Leiche, sondern: ausgelöscht von einer schweren Panzergranate.

TILL NIKOLAUS VON HEISELER Eine kurze, schmerzhafte
Lektion, um die Kontingenz des menschlichen Lebens
zu lernen. Und zu seiner Familie: Ich denke, dass das
Deutsch-Nationale sich mitunter besser gegen den
Faschismus verschließen konnte als so mancher, der
vorher Kommunist gewesen ist. Und Habermas mit
seiner *Theorie des kommunikativen Handelns* und seiner
kommunikativen Vernunft, da hätte er schon dazu sagen
sollen, dass das die Kyniker-Variante ist, wenn man das
einmal tatsächlich ernst nehmen würde.

Kittler lacht.

TILL NIKOLAUS VON HEISELER Das ist einfach so; wenn
man dem wirklich folgt und auf alles Strategische
verzichtet, wird man relativ schnell mittellos sein, es sei
denn, man hat geerbt oder ist unkündbar. Aber wenn
man immer nur sagt, was man glaubt, ohne pragmatische, ohne strategische Rücksichten, dann kann man
früher oder später in Tonnen mit den Hunden leben.
Geld bekommt man ja nicht für Arbeit, obwohl dieser
Glaube weit verbreitet ist, sondern allein für Anpassung.
Habermas empfiehlt doch tatsächlich, dass die Teilnehmer der Kommunikation auf Wirkungen im Sinne
perlokutiver Sprechakte verzichten sollen. Sagen Sie das
mal einem Straßenjungen, der in Kolkata in der *Sudder
Street* betteln geht. Er überträgt praktisch den einzigen
Diskurs, den er kennt, nämlich den in Universitäten, auf

die ganze Welt. Und dann liegt zusätzlich natürlich ein ganz fundamentaler methodischer Fehler vor: Aus dem Schrecklichsten kann das Schönste werden, alles andere ist dogmatische Metaphysik, so wie Nietzsche das so oder ähnlich formuliert. Hass, Eifersucht und eben auch Kränkung – das haben Sie ja erzählt – kann ja dazu führen, dass etwas Einzigartiges entsteht, während in der Idealsituation der einvernehmlichen Vernunft, also einer sagt was und alle nicken, eigentlich nie etwas entsteht. Jedenfalls nicht von atemberaubender Schönheit oder außergewöhnlicher Klugheit. ~~So etwas Weltfernes, dieses Konzept vom *kommunikativen Handeln*.~~ Denn wie soll man denn ohne Strategie in der Gesellschaft überleben? Ich habe das mal versucht. Jetzt versuche ich das etwas anders: Ich versuche ja immer wieder, auch Reputation zu erwerben, um sie dann möglichst lustvoll wieder einzureißen.

Friedrich Kittler Das Prinzip der heißen Kartoffel habe ich das immer genannt, man nimmt etwas auf, um es weiterzugeben oder abzugeben, um es wieder von sich abzulösen.

Till Nikolaus von Heiseler Und zwischendurch dachte ich, jetzt verhasple ich mich total. Und dieser Exkurs über Luhmann. Aber ich denke doch, dass es auch wichtig ist, da ja Luhmann gewissermaßen der eingeschlossene Ausgeschlossene ist. Und dann ist es doch auch eine Frage der Höflichkeit, einen *anderen* mitzunehmen, zumindest in Miniaturform, *to give him a ride,* wenn zunächst ungewiss bleibt, ob er über eine Transportmöglichkeit in die Zukunft verfügt. Und dann gibt es ja schließlich noch eine nicht erwähnte Parallele zwischen Ihnen und Luhmann, und das ist der *Post-Humanismus,* denn die Pointe Luhmanns ist ja, dass die Rekursionen des Sinns zur Kommunikation gehören und der Mensch an diesen nur als Umwelt beteiligt ist. Und hier kommt ein Begriff, der Ihnen sicherlich gefallen wird: Gesellschaft und Bewusstsein sind zwei Systeme, die sich penetrieren: Das nennt die Systemtheorie *Interpenetration.* ~~Ich~~

schreibe gerade an einem evolutionstheoretischen Buch, und die ganze Pointe ist, dass die Struktur der Gruppe den Menschen erschafft und nicht umgekehrt und dass das System, in dem der Mensch erschaffen worden ist, älter ist als er.
FRIEDRICH KITTLER   Ist das Mikrofon schon wieder abgefallen?
TILL NIKOLAUS VON HEISELER   Nicht abgefallen, aber ein wenig tief. Wir optimieren es kurz.

Till Nikolaus von Heiseler gibt ein Zeichen, der Tonmann steckt das Mikrofon wieder an das Revers.

FRIEDRICH KITTLER   Hätten Sie mal ein Taschentuch?
TILL NIKOLAUS VON HEISELER   Ja.

Der Tonmann hebt das heruntergefallene Taschentuch auf.

FRIEDRICH KITTLER   Es tut mir leid ...
TILL NIKOLAUS VON HEISELER   Das sollte es nicht ...
FRIEDRICH KITTLER   *als Entschuldigung, sich nicht selbst gebückt zu haben* Diese Hüfte darf nicht mehr als 90° gekrümmt werden, ein Damoklesschwert, das springt sofort raus, das künstliche Hüftgelenk – und das war's dann. Schrecklich, der Gedanke, dass man im Prinzip nicht einmal mehr hinfallen darf ... das Damoklesschwert des Alters ...

Friedrich Kittler versucht, sein Taschentuch zu verstauen, da dies nicht erfolgreich ist, erscheint der Tonmann ein zweites Mal und nähert sich Kittler von hinten.

FRIEDRICH KITTLER   Was machen Sie hier?

Der Tonmann überreicht Friedrich Kittler das zweite Mal das Taschentuch.

FRIEDRICH KITTLER   Wenn ich das Taschentuch in meine Jackentasche stecke, ist das okay, oder?!

Das Taschentuch wird weggestopft. Es fällt wieder auf den Boden – von Friedrich Kittler unbemerkt.

Friedrich Kittler   Ah, es gibt noch 'ne schöne Geschichte …

Till Nikolaus von Heiseler   … die bitte, wenn wir so weit sind.

Der Tonmann hebt das Taschentuch wieder auf und will es auf das Tischchen legen, hierbei hebt er den überquellenden Aschenbecher.

Friedrich Kittler   In der Küche da … Sie können ihn da leeren … in den Mülleimer oder so …

Till Nikolaus von Heiseler   Luhmann lässt den Menschen als Lücke in seiner Theorie, das ist gar nicht abwertend oder etwa eine Geringschätzung, sondern eher ein heiliger Platz: das Unbezeichnete.

Der Kameramann beginnt mit der Beschriftung der Bänder.

Friedrich Kittler   Ja, beschriften ist das A und O … Kennen Sie jemanden, der das alte Grundig-Tonband reparieren könnte?

Kameramann   Es ist kaputt, und Sie wollen es wiederherstellen?

Friedrich Kittler   Perfektes Gerät, läuft aber nicht mehr. Grundig-Tonbandgerät von 1958/59/60 schätzungsweise.

Kameramann   Ich bin mir nicht sicher

Der aus der Küche zurückkommende Tonmann setzt seine Kopfhörer wieder auf.

Till Nikolaus von Heiseler   Hörst du mich? Ist alles in Ordnung? – der Ton? …

Tonmann   Läuft.

Till Nikolaus von Heiseler   Gut, dann denke ich mal, dass wir jetzt zu dem dritten Akt kommen, und das sind die Anfechtungen und …

dritter akt: anfechtungen

> – Ich warne dich, ich schlafwandle.
> – Kann nicht sein, das Licht ist ja an.
> – Das eben ist das Gefährliche. Das ist die lichte Form des Schlafwandelns, dasjenige, das sich selbst bezeichnet. Das eben ist die Schizophrenie, dass der Körper seine eigenen Visionen pflegt: incomprises, unverstanden. – Unverstanden von allen. Und letztlich von sich selbst.[34]

FRIEDRICH KITTLER Ja, die Anfechtungen: Davon ist ja schon Einiges eingeflossen, das mangelnde Christentum meiner Germanistik, der mangelnde Idealismus meiner Philosophie, das waren alles Vorwürfe – das ist jetzt sehr gehetzt gesprochen und ungut formuliert. Ich muss erst einmal diese Anekdote loswerden, bevor sie mich loslässt: Luhmann und ich, wir waren mal zeitgleich eine Woche lang die einzigen deutschen Gäste im *Faculty Club* im schönen Stanford, und ich habe ihn immer zu einer Flasche Rotwein eingeladen und ihn zu bekehren versucht, von der Systemtheorie zu deren Mutter, zur Informatik oder eben damals Hardware-Wissenschaft vom Computer: *computing science*. Ich habe ihm lang und breit – auch noch im Taxi von Palo Alto, Stanford nach San Francisco und auf dem Flughafen, SFO – erklärt, was ein *Flip-Flop* ist – die Grundschaltung aller digitalen

---

[34] Janus von Abaton in einer E-Mail vom 6. Mai 2006.

Elektronik – und ich dachte, es kommt nie bei ihm an, denn gesagt hat er gar nichts, saß einfach schweigend da; und ich dachte schon, es wäre vollkommen sinnlos gewesen, praktisch in die Luft gesprochen. Und dann schenkt mir mein lieber Freund Dirk Baecker – der eigentlich, in Luhmanns Augen, Luhmanns Nachfolger hätte werden sollen – diesen wunderbaren Vortrag von Luhmann über die Krisis-Schrift von Edmund Husserl, glaub' ich – und da benutzt er plötzlich im Zentrum dieses Vortrags den Begriff *Flip-Flop*; ich lese das nach seinem Tod und denke: Also doch: diese eine Kittler'sche Botschaft ist beim Anderen angekommen. Also, ich glaube, wie Sie vorhin schon sagten, Luhmann und ... *hüstelt, undeutlich* Kittler, *fest* also Systemtheorie und Metageschichte waren eigentlich die wechselseitigen großen Anfechtungen, solange Luhmann noch unter den Sterblichen weilte. Was Dirk Baecker jetzt versucht als Mathematik neu zu begründen in einer radikal philosophischen Wendung der Systemtheorie, ist mir nicht mehr gegeben zu beurteilen. Die Mathematik, die ich liebe und die ich auch kann, ist im Wesentlichen das, was Leibniz den *Calculus* nannte, also integrieren und differenzieren. Das ist eine ganz andere Welt als diese logische Scheidungstechnik, die ich nur so Pi mal Daumen beherrsche. Jeder Ingenieur geht von Schätzwerten aus. Wie komme ich jetzt auf diese finsteren Gebiete der Zeta-Transformation und dergleichen, die ich eben nicht gut kann? Im Unterschied zum Berechnen etwa eines Tschebyscheff-Filters oder eines Bessel-Filters oder eines Kaur-Filters – meine mathematischen Helden sind alles Leute, die lange Integrale schreiben können.

TILL NIKOLAUS VON HEISELER Wie Leibniz oder Riemann zum Beispiel?!

FRIEDRICH KITTLER Ja! Oder Norbert Wiener oder Henri Léon Lebesgue und sein Lebesgue-Integral – ein ganz hinreißendes Gebilde, mit dem die Berechnung von Integralen in beliebigen Maßräumen möglich wird. – Bevor ich aber nun auf die weiteren Anfechtungen zu sprechen komme, lassen Sie mich noch eins sagen: In der Mathematik habe ich mich immer als Berufener gefühlt, als jemand, der komplizierte mathematische Sachverhalte schlichten Gemütern besser erklären kann als die Mathematiker das selber können. Diese Anfechtung habe ich mir selber angetan: Ich kann nicht mehr weiter ohne Zahlen. Ich kann nicht nur Gedanken, Wörter, Medien denken – das reicht mir nicht, sondern ich muss irgendwie einen Fuß ins Reich der Zahlen bekommen. Mein väterlicher Freund Vilém Flusser – was habe ich für viele väterliche jüdische Freunde gehabt, deutschsprachige –, der stand immer wie Moses vor dem Reich der Zahlen und ich habe es einfach betreten in meiner Neugier – in Kalifornien habe ich das gemacht – und seitdem fühle ich mich einigermaßen gewappnet gegen Anfechtungen. Früher war es immer wahnsinnig riskant, so Hard-Science-Sachen zu machen. Offenbar sind Anfechtungen und die institutionellen Trägheiten, also die Trägheiten der Institutionen, so ziemlich dasselbe, nicht? Die Institution will nicht wissen, wie sie selber geworden ist. Mein erfolgloses Hauptseminar in Berlin war – zweimal oder dreimal angeboten – *Geschichte der Universität*; an – so habe ich sogar noch hinzugefügt – literarischen Beispielen, damit es unterhaltsamer ist. *Faust I* kann man ja auch als Geschichte eines Professors lesen, was ja nie jemand tut – außer mir. Und ich biete das Seminar immer wieder an, aber kein Mensch kommt! Die wollen alle nicht wissen, wie das Wort *Bachelor* entstanden ist, was *Baccalaureus* bedeutet, nein, das ist denen völlig wurscht, selbst wenn sie dazu erniedrigt werden, *Bachelor* zu heißen – und das noch englisch. Deshalb waren diese institutionellen Trägheiten und die Anfechtungen so ziemlich dasselbe. Die schlichteste Anfechtung war ein etwas älterer Assistent in der Freiburger Germanistik – Eigennamen sollten hier bitte nicht fallen –, der einfach beschloss, ich sei verrückt, weil ich nämlich etwas tue, was Lenin verboten habe: einen Mittelweg zwischen Materialismus und Idealismus wolle ich gehen und das sei schon von Wladimir Iljitsch Uljanow – von Lenin also – in seiner denkwürdigen Schrift über den Empiriokritizismus im Züricher Exil ein für alle Mal widerlegt worden.[35] Und dieser selbe Ungeist hatte dann nach Erscheinen der *Aufschreibesysteme* die Frechheit, mich an eine Deutsche Universität, an der er nicht einmal Professor war, einzuladen. Da haben sich drei linke Professoren oder eben Doktoren oder Dozenten auf dasselbe Podium mit mir gesetzt, zu viert vor 250 versammelten Studenten aus den Geisteswissenschaften, und mir auf dem Podium erklärt: Ich sei psychotisch, schizophren. Und zwar nicht irgendwann, beim Verfassen eines Buches, das schon fünf Jahre alt war, und auch nicht irgendwie gestern Nacht, sondern nein: Hier und heute auf diesem Podium sei ich schizophren und verrückt. Da habe ich gesagt: Das nehme ich jetzt *wahnsinnig* gern an, hiermit erkläre ich alles, was ich sage, für irre. Und am nächsten Morgen – zwei von denen waren abgereist und übernachteten nicht wie ich im Hotel in Osnabrück, während jener geblieben war, der mich eingeladen hatte, weil er auch nach Berlin zurückmusste – saßen wir zu zweit allein an der Frühstückstafel, weil das Hotel fast nicht belegt war, und ich sagte ihm das noch einmal, direkt ins Gesicht. Der ist fast gestorben vor Scham!

Stille, in die Till Nikolaus von Heiseler ein kaum hörbares »Ja« hineinatmet.

FRIEDRICH KITTLER   Ich hatte einmal so einen Horror-Trip, wo zwei Menschen um mich furchtbare Angst hatten, keine Feinde, sondern eine Geliebte und ein dicker Freund. Die dachten, ich käme da nie wieder zurück, ich hab immer gesagt: Doch, ich komm schon wieder zurück, jetzt bin ich bei 90°, jetzt bin ich bei 180°, jetzt ist der Höhepunkt überschritten, jetzt bin ich bei 270°, ihr werdet erleben, dass ich am nächsten Morgen ganz cool

---

35   W.I. Lenin: *Materialismus und Empiriokritizismus. Kritische Bemerkungen über eine reaktionäre Philosophie.* Verlag für fremdsprachige Literatur, Moskau 1947. Lenin war über Helsinki nach Genf geflogen, wo er 1908 eintraf und im September desselben Jahres das erste Vorwort zur schon vollendeten Schrift verfasste.

weiter meinen Assistenten-Pflichten nachgehen werde.

TILL NIKOLAUS VON HEISELER   Horror-Trip mit LSD?

FRIEDRICH KITTLER   Nee, ganz bescheiden: Mit zu viel schlechtem portugiesischem Rotwein und dann Haschisch und Marihuana.

TILL NIKOLAUS VON HEISELER   Verstehe.

FRIEDRICH KITTLER   Das war für mich unglaublich inspirierend sozusagen, wenn man einmal da durchgegangen ist.

TILL NIKOLAUS VON HEISELER   Das war sozusagen die Anfechtung selbst: der Vorwurf des Wahnsinns. Und es ist interessant, dass wir mit der größtmöglichen Anfechtung, die es in der Wissenschaft geben kann, beginnen, mit dem Vorwurf des Wahnsinns, also mit einer generellen Verwerfung, die sich nicht einmal bemüßigt [fühlt], auf Einzelheiten einzugehen, sondern genau das Andere der Wissenschaft benennt, was ausgeschlossen gehört, damit die Wissenschaft Wissenschaft bleiben kann. Es ist sozusagen der Türsteher, der sagt: Sie kommen hier leider nicht rein. Oder der Torhüter vor dem Gesetz. Aber Sie haben sich eben nicht einschüchtern lassen, wie *der Mann vom Lande*, sondern gesagt, *dieser Eingang ist nur für mich*. Und es stört mich nicht, dass der Eintritt den Verstand kostet, genauer: wenn die anderen meinen, die sich dem Gesetz wissenschaftlicher Sprachverbote gebeugt haben, dass ich den Verstand verloren habe. Und damit wird ja schließlich etwas deutlich und findet etwas statt, sodass man Kombinationsverbote und Ausschließungsverfahren nicht nur beschreiben, sondern praktisch in Aktion beobachten kann. Was darf nicht gesagt werden oder wird nicht gesagt, oder was wird, wenn es dennoch gesagt wird, als Literatur abgestempelt oder eben als Wahnsinn aus der Wissenschaft ausgeschlossen?[36]

FRIEDRICH KITTLER   Dass ich die eine, die große Herausforderung oder Anfechtung dieses Trips überstanden

---

36 Vgl. Friedrich A. Kittler, Horst Turk: Einleitung, in: *Urszenen. Literaturwissenschaft als Diskursanalyse und Diskurskritik.* Suhrkamp, Frankfurt am Main 1977, S. 9–43.

habe, das machte es mir leichter, dann dieses rein
verbale Delirium dieser drei mediokren Geister zu
überstehen. Eine andere Anfechtung war dagegen sehr
schön und interessant: Die Freie Universität hatte mich
eingeladen und wir saßen auf dem Podium. Ganz in
der letzten Reihe in der »Rostlaube« sah ich meinen
alten, hoch verehrten Romanistik-Dozenten sitzen – der
war mir zuliebe gekommen, obwohl eigentlich sehr
menschenscheu. Neben mir saß ein wohlbekannter
Westberliner Germanist. Ich behauptete damals im Geist
der *Aufschreibesysteme*, Alphabetisierung sei ein Akt
struktureller Gewalt. Er erwiderte, nein, das sei doch
das Geschenk und das Glück des Lebens. Da haben wir
uns wahnsinnig zerstritten auf dem Podium. Hinterher
bin ich zu meinem alten Dozenten und habe ihm die
Hand geschüttelt. Und da hat er gesagt: »Herr Kittler,
natürlich haben Sie Recht«. Das war sehr schön, weil
mir da zum ersten Mal, glaube ich, ein bisschen bewusst
wurde, was meine Arbeit, wenn man das jetzt so sagen
darf, von der Foucaults unterscheidet. Foucault hat
quasi – aus bitteren Gründen, die mit seinen sexuellen
Wünschen zusammenhängen – seine Sekundärsozialisa-
tion, also die Gymnasial- und *Ecole-Normale*-Zeit, zum
Thema einer rigorosen Selbstanalyse gemacht: Was heißt
für mich, Philosophie gelesen und gelernt zu haben? Was
heißt für mich, Latein und schlechter Griechisch gelernt
zu haben? Wie prägen diese Fächer, die an der *Ecole
Normale* gelehrt werden, und: Wie sind sie entstanden?
Wie haben sie sich konstituiert? Was haben sie für
Umbrüche erfahren? Er hat quasi das ganze *Curriculum*
des höheren Gymnasialwesens mit seiner angeblichen
Ewig-Gültigkeit in seiner Genealogie untersucht und
destruiert. Als mein geliebter Horst Ochse mir dann
sagte, ich hätte Recht mit der strukturellen Gewalt
der Alphabetisierung in der Grundschule, in der ersten
Klasse, da dachte ich mir: Ah, das ist es, was dich unterscheidet von Foucault. *Aufschreibesysteme*, besonders
der erste Teil über Deutschland um 1800, ist eine reine

Untersuchung der Alphabetisierung, die mit sechs, sieben in der Schule oder von der Mutter oder vom Vater ~~aus~~ durchgeführt wird.

TILL NIKOLAUS VON HEISELER   Und wenn wir das jetzt mit Griechenland vergleichen.

FRIEDRICH KITTLER   Über das Lesen bei den alten Griechen schreibt mein Freund, der jetzt leider einen Schlaganfall hatte: »Die Beziehung, die die Griechen zur Schrift unterhielten, könnte in der Tat mit derjenigen verglichen werden, die wir heutzutage zur musikalischen Notenschrift unterhalten.«

TILL NIKOLAUS VON HEISELER   Weil sie natürlich laut lesen.

FRIEDRICH KITTLER   Es ist nicht unmöglich, ein Musikstück schweigend zu lesen, aber im Normalfall wird man es singen oder ein Instrument spielen, um zu hören, wie es klingt.«

TILL NIKOLAUS VON HEISELER   Und dann bestand natürlich noch die Option, sich den Text von einem Sklaven vorlesen zu lassen.

FRIEDRICH KITTLER   Genau.

TILL NIKOLAUS VON HEISELER   Oder aus der anderen Perspektive: Ein Sklave zu sein, der seinem Herrn vorliest. Christlich wird dann leise gelesen, die christliche Innerlichkeit, das stille Gebet, das ja immer noch ein imaginärer Dialog ist, wird dann kartesianisch monologisiert, und die humanistische Illusion entsteht: das transzendentale Subjekt, das sich angeblich selbst begründet. Heute liest jeder für sich und damals las man laut und nur wenige für sich. Und was hier vielleicht interessant ist, dass eben in Griechenland Sklaven deshalb als Vorleser so beliebt waren, weil sie neutral waren und man eben keine fremde Stimme hören wollte …

FRIEDRICH KITTLER   Genau.

TILL NIKOLAUS VON HEISELER   – zu einem jeweiligen Autor. Der Sklave ist eben – wie eben auch der Bote – entsubjektiviert. Er ist eine Maschine, der die Vokalschrift umsetzt und nichts dazutut. Er wird zur Maschine.

FRIEDRICH KITTLER *erstaunt zustimmend* Mh-mh!
TILL NIKOLAUS VON HEISELER Wie auch der Schreiber. Und doch gibt es die Überschüsse, und zwar bei Handschrift und Lesestimme ganz unterschiedliche. Das wird als notwendiges Rauschen übersehen, obwohl sie natürlich mehr sind, insbesondere beim Vorlesenden, der ja immer auch interpretiert, während die Handschrift nur eine Abweichung ist, die wir übersehen und die erst in der Unleserlichkeit – also dem *break down* des Mediums – hervortritt: Also die alte Geschichte, dass das Medium im Zusammenbruch seiner Funktion erscheint. Man könnte also eine Medientheorie des Sklaven ...
FRIEDRICH KITTLER Ja.
TILL NIKOLAUS VON HEISELER ... geben, nicht wahr? Und dass der Sklave zum Medium werden kann, verdankt sich eben dem Vokalalphabet.
FRIEDRICH KITTLER Es gibt eine vorsokratische Stelle, an der es heißt, der Schreiber arschfickt den Leser.
TILL NIKOLAUS VON HEISELER Der Schreiber arschfickt den Leser?
FRIEDRICH KITTLER Der Schreiber arschfickt den Leser! – Deshalb haben Sie so Recht mit dem Sklaven.
TILL NIKOLAUS VON HEISELER Er penetriert ihn.
FRIEDRICH KITTLER Jaaa!
TILL NIKOLAUS VON HEISELER Da sind wir wieder bei Luhmanns Interpenetration. Das soziale und das psychische System interpenetrieren sich. Also vulgär gesagt: zwar fickt das Bewusstsein das Soziale, indem es an Kommunikation beteiligt ist, aber es ist immer schon vom Sozialen gefickt.
FRIEDRICH KITTLER Genau.
TILL NIKOLAUS VON HEISELER Und es wurde ja meistens laut gelesen.
FRIEDRICH KITTLER Ganz selten leise.
TILL NIKOLAUS VON HEISELER Wenn jemand krank war.
FRIEDRICH KITTLER Während man bei Euripides und Aristoteles relativ sicher sein kann, dass sie auch leise gelesen haben.

TILL NIKOLAUS VON HEISELER   Als Selbstunterrichter,
als Autodidakt. Und als Sie eben von der Trägheit der
Institutionen sprachen, da dachte ich: Das ist natürlich
der Vorteil und der Nachteil des Autodidaktentums, dass
man sich mit alldem nicht herumschlagen muss und dass
einem eben auch nichts kaputtgemacht wird. ~~Aber dafür
tauchen dort andere Schwierigkeiten auf: Selbstanfechtungen, und diese sind härter und kälter. Wenn ich lange,
monatelang, um nicht zu sagen jahrelang, allein arbeite,
dann schwindet das Selbstvertrauen immer mehr, das
Feld weitet sich, und man weiß so wenig und im Verhältnis zu dem sich weitenden Feld wird es immer weniger,
anstatt mehr zu werden.~~ Es gibt ja drei Möglichkeiten
beim autodidaktischen Arbeiten, was das Ergebnis angeht. Entweder findet man mit großer Begeisterung etwas
heraus, das alle längst wissen, das kann sehr blamabel
werden, wenn man dann Derartiges mit leuchtenden
Augen verkündet, oder man macht einen ganz dummen
Fehler, also weiß schlichtweg etwas nicht und übersieht
das, was alle immer schon gewusst zu haben scheinen,
oder aber man gewinnt tatsächlich eine neue Perspektive.
Und das kommt leider selten vor.
FRIEDRICH KITTLER   Sehr selten.
TILL NIKOLAUS VON HEISELER   Aber man darf sich nicht
entmutigen lassen.
FRIEDRICH KITTLER   Ich habe mich mal mit 14 – noch in
der DDR – hingesetzt, die ganzen Sommerferien lang den
allgemeinen *Binomialsatz* hergeleitet und das *Pascalsche
Dreieck* wiederentdeckt, und ich war ganz begeistert
von der Intensität, mit der ich mich in Gebiete gewagt
hatte, die für mich davor wie ein Ozean gewesen sind,
und dann habe ich das meinem Mathelehrer gezeigt,
und der hat abgewunken und gesagt, das ist alles schon
vor 300 Jahren gemacht worden, und da hat der Hund
mir so viel mathematische Leidenschaft und Wind aus
den Segeln genommen, das war ganz schlimm, und [ich]
habe das dann völlig liegenlassen und mich auf anderes
konzentriert, auf Aufsätze und Literatur und so weiter,

und mein mathematisches Interesse einfach nicht mehr weiterverfolgt, bis ich dann viel, viel später wieder zur Mathematik zurückgefunden habe: Ich war in Santa Barbara im schönen Kalifornien, hatte meinen Rückflug idiotisch zu spät gebucht und lag nackt am Strand und hatte kein Seminar mehr zu geben, keine Vorlesung. Und das ist in Amerika so schön, dass Goethe nicht *da* steht und im anderen Bibliothekshaus ist dann die Physik und Mathematik, sondern es steht alles durcheinander, rein alphabetisch, und dann habe ich *Fourier-Transformationen* mit an den Strand genommen und mit Physikern das noch alles durchgesprochen, was ich neu entdeckt hatte, war ganz begeistert und hatte sozusagen meiner ganzen Elektronik im Nachhinein ein mathematisches Fundament gegeben, denn der Ingenieur in mir, der hat immer nur Pi mal Daumen gerechnet. Das macht man so, weil die Toleranz so groß ist. Es hat schon wahnsinnig Spaß gemacht, für meinen Synthesizer zum Beispiel die teuersten Metallfilm-Widerstände einzusetzen – mit nur 0,1 % Toleranz, das war dann toll: da stimmten dann die Halbtöne. Das hörte man richtig. Das, was ich heute über das *epistemische Ding* sage, über Musikinstrumente als epistemische Dinge, das habe ich so leibhaftig beim Löten erlebt.

TILL NIKOLAUS VON HEISELER   Es gibt ja beides: Manchmal ist erst das Ding, die Technik, da und wird benutzt und später erst wird dann die Technik von einer Theorie eingeholt, oder es ist umgekehrt, dass es erst die Theorie gibt, die dann den Bauplan liefert. Radio und Computer sind da wahrscheinlich gute Bespiele für diese beiden unterschiedlichen Möglichkeiten, denn erste Radios hat man schon benutzt, als man noch gar nicht verstanden hatte, was man da tat, genauso wie die Elektrizität zunächst benutzt wurde und sich die Theorien – zumindest die heute akzeptierten – viel später gebildet haben. Bei einem Computer dagegen braucht man ja zunächst einen Schaltplan, um ihn überhaupt bauen zu können, da braucht es erst einmal die Vorstellung einer universellen

Turingmaschine oder besser: ihre Beschreibung auf Papier.

FRIEDRICH KITTLER Da kann ich nur: ja, ja, ja sagen.

TILL NIKOLAUS VON HEISELER Und jeder Elektriker kann dagegen Kabel verlegen, ohne dass er auch nur annähernd auf dem heutigen wissenschaftlichen Stand ist, was die Modelle der Elektrizität angeht: Hier ist plus und hier ist minus und feddich is. Die Praxis – zumindest, die des Kabelverlegens – wird von der avancierten Theorie nicht angefochten.

Stille.

FRIEDRICH KITTLER Die wichtigsten Anfechtungen sind natürlich auch die schönsten: die Frauen!

TILL NIKOLAUS VON HEISELER Was wäre, wenn die Wahrheit ein Weib wäre?

FRIEDRICH KITTLER Ja! Genau ...

TILL NIKOLAUS VON HEISELER Das ist der Anfang von »Jenseits von Gut und Böse«.

FRIEDRICH KITTLER Ja.

TILL NIKOLAUS VON HEISELER Man darf ihnen nicht zu zudringlich kommen, der Wahrheit und den Frauen ...

FRIEDRICH KITTLER Nein!

TILL NIKOLAUS VON HEISELER ... sagt Nietzsche

FRIEDRICH KITTLER ... sagt Nietzsche und sagen wir alle. Ein abenteuerlicher, anfechtungsreicher Abend war es, als ich in einer eleganten Dienstwohnung stand – vorher hatte ich einen Vortrag über Schiller gehalten, im Schillerjahr, also 2005 – und eine junge Frau sich mir in der Türschwelle präsentierte und sagte: »Ich werde über Sie meine Dissertation schreiben« oder vielmehr, »Ich werde mal über Sie promovieren«. Worauf ich, wie immer, sagte: »Nein, Sie werden promoviert werden, von jemandem« – und dann habe ich noch gesagt: »Ich hab' doch schon einen Doktoranden, in Wien nämlich«. Da sagte sie: »Nee, nee, nee – ich bin eine Frau. Meine Dissertation wird erst erscheinen, wenn Sie tot sind – bis dahin habe ich alle Frauen hinter Ihren Büchern recherchiert und eventuell sogar interviewt«. Das war eine schöne Drohung. Erstens: Meine Diss. erscheint erst, wenn Sie tot sind – nicht? – das Kreuz namens Unsterblichkeit, der Grabstein. Und zweitens, die Idee mit den Frauen, die ja die schönsten Anfechtungen sind. Heidegger schreibt mal an seine Ehefrau: Du musst mir meine zahllosen Ehebrüche verzeihen, ich komme ohne neue Frau auf keinen neuen Gedanken! Es ist wahnsinnig leicht in meinem Fall, das wimmelt von *Akrosticha* und versteckten Namensanspielungen. In *Musik und Mathematik* mache ich überhaupt keinen Hehl mehr daraus. Das Beispiel: »Ich liebe Dich« habe ich vorhin deshalb gewählt, weil es eben nicht reflexiv ist, nicht »Ich liebe mich« oder »Das Sein liebt sich« und so Zeugs, sondern das ist so: radikal entäußernd. Wissen Sie, als junger Mann wollte ich eigentlich nur Bücher über Bannung und Faszination schreiben – ich hab' das hoffentlich auch geschafft – und meine Faszinationen so weitergeben, wie andere Leute ihre Drogenerfahrungen weitergeben. Denn das Bewusstsein ist immer draußen. Wenn man schon in so schrecklichen Begriffen wie dem des Bewusstseins reden darf, dann immer in einer Bezogenheit: der des Voyeurs, des Lauschers. Ich habe gerade wieder »Le Voyeur« von Robbe-Grillet ~~fertig~~ gelesen – ein hinreißendes Buch. Vor zwei Wochen habe ich erfahren, als ich mit derselben Inbrunst *Ada* von Vladimir Nabokov gelesen habe, dass Nabokov unter den Zeitgenossen, die mit ihm gleichzeitig lebten, alle verachtet habe – vor allem Sartre – und nur zwei geachtet habe. Der eine liegt völlig auf der Hand: Jorge Luis Borges und der zweite war mir völlig überraschend: Alain Robbe-Grillet. Und dann dachte ich, dass wir doch irgendwie so eine poetische Blutsgemeinschaft bilden – jenseits aller Anfechtungen. Dass es also eigentlich darum geht, das Dichten und das Denken einander immer wieder näherzubringen, ohne dass die Leute das so schrecklich abstößt wie im Fall des späten Heidegger.

TILL NIKOLAUS VON HEISELER Na, es wäre schön, wenn die sprachlichen Qualitäten eines Autors zumindest nicht gegen ihn ins Feld geführt werden, wie es manchmal etwa im Falle Roland Barthes' geschehen ist. Nach dem

Motto: Wenn einer schreiben kann, dann kann das, *was* er schreibt, ja nix taugen.

FRIEDRICH KITTLER   Ja, schrecklich.

TILL NIKOLAUS VON HEISELER   Es gibt natürlich noch eine ganz andere Art von Anfechtung, und das ist auch wieder – mir fällt jetzt das Nietzsche-Zitat dazu nicht ein, von wegen, dass gute Feinde einem besser tun als falsche Freunde: denn es gibt ja auch die sogenannten Freunde und die Schüler ...

FRIEDRICH KITTLER   Oh ja ... !!

TILL NIKOLAUS VON HEISELER   ... die manchmal viel gefährlicher sind als die Feinde ... Sie verstehen, was ich damit meine ...

FRIEDRICH KITTLER   Klar.

TILL NIKOLAUS VON HEISELER   ... das mit Nietzsche zu denken, was Schüler alles falsch verstehen können, am Beispiel Nietzsche selbst, den man ja für seine Rezeption nicht verantwortlich machen kann. Oder was dieser schreckliche Searle aus dem armen Austin macht; überhaupt diese ganzen Amerikaner, also was man so *Analytische Philosophie* nennt, die beziehen sich zum großen Teil auf ganz passable Denker, auf Wittgenstein, der übrigens im selben Jahr wie Heidegger – aber auch wie Hitler und Chaplin – geboren wurde, dem Jahr, in dem Nietzsches Geist zerbrach, auf James, auf den genialen Peirce, der im Grunde ein Autodidakt war. Also wir waren bei den Anfechtungen durch die Schüler.

FRIEDRICH KITTLER   Klar – man vergilt es einem Lehrer schlecht, nicht?

TILL NIKOLAUS VON HEISELER   Ich meinte das jetzt gar nicht als Anfechtungen durch die Schüler, die gibt es natürlich auch, und sie können auch mitunter enttäuschend sein, das verstehe ich ja. Aber ein Schüler, der sich gegen einen wendet, ist doch eine Kleinigkeit. Und es muss ja auch irgendwo so sein. Aber ein Schüler, der eben als Schüler und Sprachrohr wahrgenommen wird und in aller vermeintlichen Demut Blödsinn verzapft, das ist doch eine viel schlimmere Anfechtung, da man irgendwie als Lehrer versagt hat und sich irgendwie nicht verständlich machen konnte.

FRIEDRICH KITTLER Ja!

TILL NIKOLAUS VON HEISELER Sie werden ja teilweise durch die Brille Ihrer Schüler interpretiert und gesehen – Ihre Theorie –, und damit kann's einem ja nicht immer gut gehen.

FRIEDRICH KITTLER Das ist, glaube ich, wahrer, als mir das selber klar ist, weil ich weiß, was ich geschrieben habe. Ich staune manchmal, wie kurzlebig das Gedächtnis heutzutage ist. Die Studenten lesen Sachen meiner Schüler und ahnen gar nicht mehr, dass die Schüler das von jemandem haben, weil nicht alle Schüler immer gerne zitieren. Aber das sollte man gar nicht erst bereden, denn das ist eine widerliche Form des Narzissmus, der Eigenliebe usw. – Besagter Romanist von vorhin besuchte seinen Lehrer kurz vor dessen Tod, und da sprach der Lehrer – beide Beine schon rauchermäßig amputiert – die großen Worte: »Man zitiert mich nicht einmal mehr«. Das war das wissenschaftliche Ende, sozusagen zu Lebzeiten, so wie Robert Musil diesen Nachlass zu Lebzeiten geschrieben hat – das wollen wir nicht angehen. Ich glaube, ein Denken, das irgendwo in sich hält – das vergeht nicht so leicht wie Unkraut.[37] Ich habe vor zwei Wochen – das habe ich erst heute entdeckt – einen Brief bekommen und vorhin aufgemacht und in ihm steht drin: Wir sind nur ein ganz kleiner Verlag in Paris, und können die *Aufschreibesysteme* nicht als Ganzes übersetzen, aber wir würden gerne zwei Kapitel auswählen und *Draculas*

---

[37] Dieser Satz ist insofern interessant, als sich hier zwei Aussagen überlagern: Vordergründig steht hier, *Substanz bleibt* (so wie auch die Blumen des Gartens bestehen bleiben). Das anklingende Sprichwort aber heißt ja: *Unkraut vergeht nicht*, also gerade das, was nichts taugt, überwuchert alles, eben auch die schönen Blumen des Gartens, die in ihm letztlich ersticken. Aber vielleicht kann man den Widerspruch so auflösen: Es gibt Orte, an denen die schönsten Blüten zumindest getrocknet archiviert werden, und Orte, an denen sich Sensationen und Spektakel nach der Aufmerksamkeitsökonomie richten, wie Unkraut nach der Sonne. Und beides steht – anders als man ›medienkritisch‹ meinen sollte – überhaupt nicht in Konkurrenz zueinander.

Vermächtnis[38], und daraus hundert Seiten machen. Das spricht doch dafür, dass die Bücher nicht gleich so eine Halbwertszeit, eine Verfallszeit, haben wie heutzutage die üblichen Veröffentlichungen. Das ist, glaube ich, keine so große Anfechtung mehr. Die Anfechtungen nehmen irgendwie ab, je gebrechlicher der Alte wird. Manchmal habe ich den schrecklichen Verdacht, ich hätte durch Parodieren in meiner Jugend mein Schreiben entwickelt – ich war Chefredakteur der Schülerzeitung am Gymnasium in Südbaden und habe alle Leute, die ich mochte, parodiert: Heidegger und, was weiß ich, Sigmund Freud und Dürrenmatt. Durch das Parodieren kommt man so langsam auf den Geschmack eines Deutsch, das nicht ganz alltäglich ist, und durch das germanistische Studium bekommt man dann langsam ein Gefühl für all diese historischen Stadien des Deutschen. Ich bin jetzt kein besonders guter Leser von gotischen und althochdeutschen Schriften, aber klassisches Mittelhochdeutsch, das lese ich einfach so runter, wenn's nicht gerade so wirr und verworren ist wie bei Herrn Wolfram von Eschenbach – ich fühle bei jedem Wort, das ich schreibe, dass ich dieses Wort in dieser Bedeutung schreibe, die es meinetwegen in *Tristan und Isolde* gehabt hat, bei Gottfried von Straßburg. Kein Mensch weiß zum Beispiel – das soll jetzt Thema eines der künftigen Bücher werden –, dass das heilige Wort *Minne* im 15. Jahrhundert so abgewrackt war und nur noch *ficken* hieß, dass das Wort Liebe erfunden werden musste oder eine neue erotische Bedeutung annehmen musste. Liebe war zuvor etwas, das das Gefühl zwischen Blutsverwandten ausdrückte, also etwas ohne jeden sexuellen Anklang. Dann aber musste plötzlich für die edle Liebe, die auch die Brautschaft führen konnte und die Ehe stiften sollte, ein neues Wort her, eben etwas anderes als die Minne, die nur noch das rein Körperliche meinte. So etwas zu wissen, unterscheidet mich, glaube ich, von den meisten meiner Zeitgenossen, die zur Feder greifen.

---

38 *Draculas Vermächtnis: Technische Schriften*. Reclam, Leipzig 1993.

Da habe ich mich am ehesten so ein bisschen bei Peter Rühmkorf wohlgefühlt, weil das ein exzellenter Germanist unter den Lyrikern war.

TILL NIKOLAUS VON HEISELER   Aber noch einmal zu den Schülern: Die größte Gefahr besteht doch darin, dass Ihre Theorie auf einen platten Technikdeterminismus reduziert wird und dass in Ihrem Namen behauptet wird: Erst entsteht ein Medium und alles andere sind seine bloßen Effekte. Damit würde dann die Gegenseitigkeit des Bedingens übersehen, die Institution, die historische Situation usw.; denn wenn es überhaupt etwas zu begreifen gibt in der Medientheorie, dann, dass das medienhistorische Apriori kein Determinismus ist und dass das, was *ist*, immer erst im kontingenten Wechselspiel entsteht, ~~und das Medium wird schlimmstenfalls auch noch beschworen als vermeintlicher Wissensproduzent und vielleicht sogar subjektiviert, zum eigentlichen Autor des Geistes, zum neuen Gott. Dabei ist doch das Medium immer auch von seiner Benutzung abhängig, bis zu dem Punkt, dass ein Medium nur eben deshalb ein Medium ist, weil es als Medium genutzt wird. Sand, in den einer die Hand drückt oder ein Zeichen macht, kann ein Medium sein, aber Sand ist ja nicht an sich ein Medium, sondern immer nur, wenn er als solches genutzt wird, eben auch wie Luft nur dann zum Medium wird, wenn Schallwellen übertragen werden. Das Medium selbst spricht ja nicht und sagt nichts, sondern kann nur Strukturen schaffen, die die schon vorher vorhandenen Semantiken verändern und gestalten.~~ Genau unter dieser Verkürzung Ihrer Theorie auf eine unhistorische Medienwissenschaft würde ich – wenn ich mich hineinfühle in Ihre Position – am meisten leiden.

FRIEDRICH KITTLER   Ich habe doch immer das Angebot gemacht – dem allerdings wenige Schüler gefolgt sind –, dass man [die] Rückkopplungsschleifen zwischen den Ingenieuren, den von den Ingenieuren entworfenen Computer und dem Silicium computer-gestützt untersucht und in immer kleinere Strukturen zerlegt, und dass dann die nächste Generation von Computern kommt und dass das Ganze im Sinne von Heideggers Technik als Gestell ein totales Verschaltetsein von Mensch und Maschine und Stein ist – Silicium ist letztlich nichts anders als Kieselstein, sehr sauberer Kieselstein, 99,9 % rein, bei *Wacker-Chemie* hergestellt. Und deshalb sehe ich immer die drei Seiten, also *Wet-Ware*, *Soft-Ware* und *Hard-Ware* in einem *Borromäischen Ring* – so wie bei Lacan die *Register*, wo drei Dinge zusammenhängen – unauflöslich: Wenn man eins herausnimmt, dann bricht die ganze Konstruktion dieser drei ineinanderverschlungenen Ringe zusammen. Hat irgendeiner meiner Schüler jemals ernsthaft versucht zu löten oder Assembler zu schreiben? Die wenigsten! Also ich hab mir wirklich schon – verzeihen Sie, dass ich das so sage – aber eine Art von *Kenosis*, wie das die Griechen nannten, also eine Art von Entleerung, habe ich mir schon angetan, das ist eine grässliche Erfahrung, die ich heute fast schon wieder vergessen habe, weil ich nicht mehr zum Programmieren komme. Ich will meine Bücher schreiben und sonst gar nichts. Wenn man versucht, einen zappelnden Fisch zu programmieren – wie irrsinnig schwer das ist! Ich hab's jetzt mal kurz versucht, weil alle Welt jetzt von Schwarmverhalten und Schwarmintelligenz schwärmt in der Informatik. Aber alleine schon das Bild eines einzigen Fischs da auf den Bildschirm zu kriegen – unmöglich. Einmal habe ich von Weihnachten bis Neujahr gebraucht, um ein berühmtes mathematisches-geometrisches Gebilde zu *implizitieren* [sic!], wie man das nennt, also aus einer parametrischen Gleichung in ein Polynom dritten Grades – xyz – zu überführen, und war Ostern fertig.

Es gibt die normalen mathematischen Sachen, die man so als Hobby-Mathematiker macht. Da rechnet man die Sache noch mal durch und weiß, weil man nachrechnet, dass der Weg gangbar ist, nicht zuletzt, weil den auch schon viele Mathematiker erfolgreich gegangen sind. Was aber, wenn man in der ganzen mathematischen Literatur diese implizite Gleichung des Möbius-Bandes nirgendwo

findet und selber versuchen muss, es rauszukriegen?
Ich hatte mal eine Habilitation zu betreuen von einem
Schüler, der zitierte eine diophantische Gleichung, die im
18. Jahrhundert gelöst worden war, und ich setze mich
hin und schreibe mein Gutachten – und versuche selber
die Lösung zu finden, komme aber nicht bis zum Ende,
auf den letzten genialen Gedanken komme ich einfach
nicht. Da rufe ich ihn an, den Habilitanten und sage:
»Kannst du mir's erklären – den ganzen Lösungsweg?«
»Nöööö!!«
»Ja, warum denn nicht?«
»Ich hab's einfach abgeschrieben und nicht nachgerechnet« – da hätte ich ihn am liebsten durchfallen
lassen. *Ça ne va pas!* Zumindest bei solchen Dingen, die
unweigerlich entweder wahr oder falsch sind wie mathematische Sätze, da sollte man sich die Mühe geben, nur
über die zu reden, die man selber lösen kann.

TILL NIKOLAUS VON HEISELER Und genau da entsteht
ja das Problem, dass nämlich dann gesagt wird, dass
das Technische und das Mathematische nur Metaphern
innerhalb des geisteswissenschaftlichen Diskurses seien.
Einer Ihrer Schüler – zumal einer, der sich etwas unglücklich auf den Technikdeterminismus wie kein anderer
versteift hat – ist ja tatsächlich aus einer Veranstaltung
hinausgelaufen, als man ihm nachweisen konnte, dass er
nicht weiß, wie eine Elektronenröhre funktioniert, und er
sich in immer weitere Absurditäten verstieg. Und wo Sie
vorhin Rückkopplungsschleife sagten: Bei einigen Ihrer
Schüler hat man das Gefühl, dass sie eher Endlosbänder
sind, die für alle Ewigkeit sich immer gleich wiederholen.
Ich gehe aus einer Vorlesung raus bei einem Ihrer Schüler – ich will keinen Namen nennen – und dann komme
ich drei Jahre später wieder zurück und bin zu spät und
ich denke, ich komme in den gleichen Vortrag wieder
rein. Als wenn ich nur kurz aufs Klo gegangen wäre und
die Grammophonnadel von einer magischen Hand währenddessen ein wenig zurückgeschwenkt worden wäre.
Lassen wir das.

Der Dialog, der dann folgte, wurde aus Gründen der Diskretion gestrichen.

FRIEDRICH KITTLER Noch eine Anfechtung: Seltsamerweise war ich dann doch noch mal von Germanisten eingeladen worden, während ich schon Medienmensch war in Berlin, und ich stehe so mit den Jungen herum und ein junger Germanistikprofessor sagt zu mir: »Herr Kittler, das ist doch Quatsch, was Sie sagen, wir müssten eine Mediengermanistik machen, alle müssten sich irgendwie auf grundlegende Weise mit Computern auskennen, aber wissen Sie, Computer sind doch wie Waschmaschinen, die benutzt man einfach.« Ich sag': »Ja, das sagt Bill Gates auch, um sie zu verkaufen.« Und dann sagt er noch: »Gucken Sie mal, ich bin Germanist und hab' kein einziges Gedicht geschrieben«. Da habe ich gesagt: »Ja, dann sind Sie auch kein Germanist.«

Stille.

TILL NIKOLAUS VON HEISELER Ich habe einige Leute gefragt, ob sie Ihnen Fragen stellen wollen und offengelassen, ob das anonym passiert oder nicht, und es gibt einen Junior-Professor der Soziologie, der fragt: Welches mediale Apriori ist denn im Augenblick gültig?

FRIEDRICH KITTLER Der Computer. Also die Leute, die von Neuen Medien reden, die sind doch mit Blindheit auf allen drei Augen geschlagen.

TILL NIKOLAUS VON HEISELER ~~Wenn wir noch einmal den Zusammenhang von Kulturtechniken und der Entwicklung des Wissens – wenn wir diesen Zusammenhang mal zu betrachten versuchen, dann könnte man annehmen, dass, je mehr Technik es gibt, je mehr Kulturtechniken es gibt, dieser Zusammenhang immer strikter wird … aber es ist doch eigentlich genau umgekehrt: Je mehr Möglichkeiten technisch da sind – und mit der Medienkonvergenz wird ja alles möglich –, desto mehr wird technisch möglich und die Zwänge liegen dann vor allem in den Formaten der Benutzung, die sich immer~~

weiter differenzieren. Wir kommen in diesem Sinne in eine postmediale Ära. Und deshalb denke ich, dass der Begriff des Formates immer wichtiger werden könnte. Formate sind Konventionen, die man erkennen kann, wenn man mit ihnen vertraut ist, und in denen gewisse Regeln herrschen, bestimmte Erwartungen bestehen. Man braucht also eine Formatkompetenz. Was sind Formate? Also einerseits Textsorten, massenmediale Formate, aber auch soziale Formate, ein Gespräch unter Fremden, der Opernbesuch, die Gerichtsverhandlung usw. Und die Globalisierung und Medienkonvergenz führt zurzeit zu einer Art Formatexplosion. Und dass man beides überhaupt zusammendenken kann, das Mediale und das Soziale, hat natürlich wieder mit der Medienkonvergenz zu tun, dass sich eben mit den vernetzten Computern beides vermischt.

FRIEDRICH KITTLER Ich höre vielleicht ein bisschen schlecht zu, weil ich in Gedanken bin und weil es auch ein bisschen anstrengend ist, immer nachzudenken. Als Andy Grove noch Chef von Intel Corporation war – das ist 15 Jahre her – hat er gesagt: »Die Zukunft wird ein Kampf um den Augapfel werden, zwischen Fernsehbildschirm und Computermonitor«, und ich habe sofort verkündet – zum Beispiel beim ZDF auf dem Lerchenberg bei Mainz –, dass nur der Computer übrigbleiben wird und alle Welt hat mich vor 20 Jahren ausgelacht. Und was sehen wir heute: absolute Medienkonvergenz, aber eben in eine einzige Richtung: Alle anderen analogen oder halbdigitalen Medien fließen in dieses eine universale hinein, wie es ihm von der Seinsgeschichte bestimmt worden ist. Stellen Sie sich vor – vorhin habe ich über Computer-Generationen geredet, wie sich die Computergeneration n+1 aus der Computergeneration n entwickelt. Und was lese ich jetzt gerade? Dass Heidegger in einem privaten Brief an den vorhin genannten, nicht mehr zitierten Romanisten schon 1970 schreibt: »Stellen Sie sich mal vor, jetzt reden die Leute auch schon von Computer*generationen*.« Und das meint er bewundernd oder völlig verblüfft, auf jeden Fall nimmt er das zur Kenntnis. Oder: Ich sitze 1965, unmittelbar nach dem Erscheinen der Suhrkamp Editionsausgabe des *Tractatus logico-philosophicus* von Ludwig Wittgenstein, mit zwei anderen Bübchen bei unserem Indogermanisten und er beweist, dass aus der ältesten indogermanischen Sprache jetzt das genaue Gegenteil geworden ist. Aus dem Griechischen wird das Englische und das Englische hat sozusagen überhaupt keine Flexion mehr, keine Konjunktionen und keine Deklination; und dann sagt dieser – mein verehrter Lehrer Johannes Lohmann –: »Nun schaut mal, das ist das Prinzip des Assembler-Codes«. Wir wussten damals überhaupt noch nicht, was Assembler ist, aber Lohmann hatte so Recht. Lohmann hatte als Beispiele Assembler-Befehle wie LOAD und STORE – also reinladen und rausladen aus dem zentralen Speicherregister – das steht immer nur im Infinitiv da, es wird nicht mehr konjugiert. Und so waren diese angeblich reaktionärsten Freiburg-Professoren den angeblich so fortschrittlichen, gesellschaftlich und sozial bewussten Frankfurtern um Meilen voraus, weil die Revolutionen eben auf Taubenfüßen kommen, wie Nietzsche gesagt hat. Soll ich Ihnen mal ein Rätsel stellen und gleich beantworten?

TILL NIKOLAUS VON HEISELER   Ich bitte darum.

FRIEDRICH KITTLER   Meine neueste Entdeckung: Auf der schönsten Platte von Pink Floyd – das ist so ein *in memoriam* an den Vater von Roger Waters, der 1944 als Engländer gegen die Deutschen gefallen ist[39] – beginnt der erste Song mit den Versen: *Tell me true / Tell me why, was Jesus crucified?* und ich habe jetzt, unter dem wütenden Protest befreundeter Ägyptologen usw., die immer »Nein!« gesagt haben, wenn ich etwas Wahres gesagt habe – über das Neue Testament und über Pau-

---

39   Gemeint: The Final Cut, 1983, ein allein vom Bassisten Roger Waters konzipiertes Album, das 1983 veröffentlicht wurde. Es ist Waters' Vater Eric Fletcher Waters gewidmet und trägt den Untertitel »*A Requiem For The Post War Dream*«.

lus –, diese Frage zu beantworten versucht. Es sieht so aus – ich erzähle das jetzt ganz ausführlich, denn es wird sozusagen in dieser *Flaschenpost an die Zukunft* zum ersten Mal gesendet. Am Kreuz passiert Folgendes: In der ausführlichsten Version – ich habe ganz vergessen, bei welchem der drei Synoptiker das steht – sagt Jesus sterbend, als letztes Wort: *Eloi, Eloi, lama sabachtanei*[40] Das ist der Anfang des 22. Psalms. Und die Umstehenden sagen untereinander zu sich: »Was hat er denn jetzt mit dem Propheten Elias?« Mit anderen Worten: Die verwechseln den Namen des Herrn *Elohim* mit dem Namen des Propheten *Elias*. Dann ist es doch merkwürdig, dass Jesus, derselbe Jesus, der am Anfang der Bergpredigt, also seiner zentralen Botschaft, wo das *Vaterunser* drinsteht und alles Mögliche, dass dieser Jesus in der Bergpredigt sagt: *Ich bin nicht gekommen, um das Gesetz aufzulösen, sondern das Gesetz zu verschärfen.* Sie kennen die Beispiele. Statt: Du sollst nicht Ehe brechen, steht da: Sobald du die Frau deines Nächsten auch nur begehrst mit den Augen, hast du schon gesündigt. Und zum Gesetz: Eher werden Himmel und Erde vergehen, als dass vom Gesetz ein Jota oder ein Tüpfelchen weggelassen wird und verschwindet. *To Keraión* heißt Tüpfelchen. Dieser befreundete Ägyptologe – Sie können sich denken, wer das war[41] – leugnet einfach, dass in allen meinen Lexika

---

40 Matthäus 27,46; Markus 15,34. 1) Mt 27,46 steht *eli eli* (eta, lambda, jota) *lema sabachthani* (*lema*, nicht *lama* wie unten); 2) Mk 15,34: *eloi eloi* (epsilon, lambda omega, jota) *lama sabachthani*. Hierbei ist zu beachten, dass Markus älter ist und Matthäus für Judenchristen schreibt. Anmerkung: Gott kann *El* oder *Elohim* heißen (= Allah). Die Nachsilbe i bedeutet »mein«. Eloi ist auch eine Anrede Gottes: Mein Gott. Die Biblica Hebraica hat als Anfang des 22. Psalms: »Eli, Eli lama ‚asabtani«, die Formen *sabachthani* usw. sind aramäisch. Vokale, also ob *e* oder kurzes *a*, spielen in den semitischen Sprachen, auch in der Schrift, nur eine Nebenrolle (so bestehen die Formen »Mohamet« bis »Muhammad« und »Muslim« bis »Moslem« nebeneinander, ohne dass man sagen könnte, das eine sei richtig und das andere falsch). Wir sehen hier also deutlich, wie die Schrift auf das Sprechen zurückwirkt und das griechische Alphabet die Sprache vokalisch fixiert (während diese Fixierung in den semitischen Sprachen nicht eintritt).

41 Die Rede ist hier vermutlich von Jan Assmann. Der weiter oben stehende Plural *Ägyptologen* erklärt sich dadurch, dass Jan Assmann und seine Frau

Keraion das Vokalzeichen im Hebräischen heißt, im hebräischen Alphabet. Der Witz dieses Jesuswortes, das Bultmann für unecht hält und ich für vollkommen echt, ist eben, dass das Jota als einziger von den 22 Konsonanten nicht in Form eines stilisierten Quadrats geschrieben wird, einfach weil es viel zu klein ist. Es sieht aus wie ein Anführungszeichen oder Apostroph in unserer Alphabetschrift. Die *Keraia*, die Pünktchen, bezeichnen – nach dem Vorbild des Griechischen – die Vokale, die in der Synagogen-Ausgabe der *Tora* unter orthodoxen Juden bis heute verboten sind, eingeschrieben zu werden. Und was macht Jesus? Er kennt, 200 Jahre bevor die Rabbiner das in ihren internen Alten Testamenten notieren, diese Vokalpünktchen: eines, zwei, drei, vier usw. Er kennt diesen Begriff und er unterrichtet als Rabbi Huren, Römer, römische Hauptleute, Bettler, Fischer – alles Mögliche, nicht wahr? Alles Leute, die natürlich kein klassisches Hebräisch können. Und was macht er? Er macht ihnen kleine Pünktchen rein in ihre Tora *und deshalb kreuzigen sie ihn*. Weil er damit dem ganzen Priesterstand Konkurrenz macht, ihn quasi abschafft als Privileg. Jan Hus ist ja auch dafür verbrannt worden in Konstanz, weil er die Bibel ins Tschechische übersetzt hat; nicht wegen irgendwelcher anderer Geschichten. Dass da Nietzsche und Hegel nicht drauf gekommen sind – ich habe noch mal alles bei Hegel und Nietzsche, alles, was ich fassen konnte, angeschaut: denen dämmert es gar nicht. Und was macht der Apostel Paulus? Der sagt, wenn schon Vokale – also Aussprechbarkeit, Lesbarkeit – dann schreiben wir am besten gleich Griechisch. Und nicht mal Jacob Taubes ist drauf gekommen. Ich war immerhin einer von sechs Kandidaten, die Taubes angeblich dem Wissenschaftssenator von Berlin schriftlich hatte zugehen lassen als möglichen Nachfolger – vier Juden und zwei Gojim waren wir auf der Liste.

Aleida Assmann, Tochter des Neutestamentlers Günther Bornkamm, häufig gemeinsam Position beziehen.

TILL NIKOLAUS VON HEISELER   Also die Einführung der Vokale ist ja der Beginn der Möglichkeit, autodidaktisch auf eigenen Beinen zu stehen; denn bei der Konsonantenschrift muss der Lehrer seinem Schüler doch zeigen, welche Vokale dort stehen. Darauf kann der Selbstunterrichter, der, der sich selbst unterrichtet, verzichten, wenn die Vokale verzeichnet sind.
FRIEDRICH KITTLER   Sie Gottesbote!! Wissen Sie, wo das Wort Autodidakt zum ersten Mal belegt ist?
TILL NIKOLAUS VON HEISELER   Nein?!
FRIEDRICH KITTLER   In der *Odyssee*, über den Sänger Demodokos am Phaiakenhof!

Stille, in der Friedrich Kittler eine Notiz macht.

TILL NIKOLAUS VON HEISELER   Und da sieht man, wie das Medium die Struktur erschafft. Die Konsonantenschrift braucht das Meister-Schüler-Verhältnis, denn der Meister sagt, wie die Schrift vokalisiert wird. Das geht aber natürlich nur mit bekannten Texten, also mit Texten der Tradition. Die vollalphabetisierte Schrift dagegen ist zukunftsoffen und auch besser für Kommunikation geeignet, wenn es um mehr geht als zu sagen, dass eine Schlacht gewonnen oder verloren wurde und dass Gott groß ist. Das Interessante ist, dass, über je weniger technische Informationsspeicher eine Kultur verfügt, sie umso konservativer ist. Denn eine Kultur, die keinen Speicher hat jenseits des Ritus, des Kalenders und der Gehirne, ist so sehr damit beschäftigt, die Kultur zu erhalten, dass sie keine Ressourcen hat für Weiteres. Ihr Speicher ist gefüllt, und es gibt da keine Latenz: Schriften etwa, die scheinbar verlorengegangen sind und dann wieder auftauchen. Es gibt keine Flaschenpost an die Zukunft. Ich habe letztens, als ich lange an einem Fahrstuhl gewartet habe in einem Krankenhaus und nichts zu schreiben hatte, die ganze Zeit die Signatur wiederholt, die mich an die richtige Adresse führen sollte, also Abteilungsnummer, Flurnummer, Zimmernummer, eine ziemlich wilde Mischung aus Buchstaben und Zahlen, und mir blieb nichts anderes übrig, als das immer weiter zu wiederholen, still, aber mit Lippenbewegung. Und eben in der Zeit, in der ich die Signatur wie ein indisches Mantra wiederholt habe, konnte ich ja auch keinen weiteren Gedanken fassen. Tribal-magische Gesellschaften, die fälschlich als orale Kulturen bezeichnet werden, haben diese Kreisläufe, und das Neue erscheint als das Falsche. ~~Und in dem Moment, in dem man ordentlich archivieren kann, es also den Buchdruck gibt, kommt es demnach zu einer vollkommenen Umwertung. Plötzlich wird das Neue aufgewertet, und es kommt zu einem radikalen Umbruch von einer an der Vergangenheit und der Offenbarung orientierten Eschatologie – eingebettet in die heiligen Tradition mit Paradies-Vorstellungen usw. – zu einer Zukunftseschatologie, also dem Gedanken der Enzyklopädisten: mehr Wissen gleich mehr Glück gleich mehr Mensch-Sein. Das wäre noch eine weitere Möglichkeit, den Übergang vom Mittelalter, dem der Fortschritt ja fremd ist und das nur die Schwankung kennt, zur Neuzeit, in der plötzlich das Neuere das Bessere wird, zu erklären, also sozusagen aus der Ökonomie des Archivs, das ja nur sammeln kann, was anders ist als das, was es bereits besitzt. Eben dadurch wird das Neue aufgewertet, weil nur das Neue archivierungswürdig ist und damit unsterblich.~~ Aber dennoch ist es ja nicht so, dass es immer die Kulturtechniken sind, die vorangehen, sondern es ist ja manchmal wieder auch der Krieg oder die Liebe oder die Dichtung, der oder die als Spähtrupp in die Zukunft vorstößt und dann die Kulturtechniken, die Medien, wie einen Kahn im Schlepptau hinter sich herzieht. Und es ist eben nicht immer nur der Krieg, wie es bei der Telefonie, dem Radio und dem Computer der Fall ist, der vorausgeht, sondern man könnte sich ja auch die Liebe in Form des Liebesbriefes, der der fernen Geliebten über das Meer geschickt wird, als avantgardistisch vorstellen oder die Dichtung, vielmehr das Bedürfnis, diese festzuhalten.

FRIEDRICH KITTLER   Das eben ist die schöne These von Barry Powell, der ich anhänge: Homer – zumindest

der Sänger der Ilias – kann nicht lesen und schreiben. Deshalb lässt ein begeisterter namenloser Fürst, der sich eine trojanisch-heroische, mykenische Abstammung zuschreiben will, auf Euböa Homer diktieren und besorgt das Schreibzeug, was damals teuer war; und besorgt auch einen zweisprachigen Menschen, der sowohl Phönizisch als auch Griechisch schreiben kann. Der oder die übernimmt dann die Zeichen aus dem Phönizischen, entweder allein oder auf Anweisung jenes namenlosen Königs, damit die Sänger die Hexameter betonen können und die Vokale kennen.
TILL NIKOLAUS VON HEISELER   ... als Autodidakt – allein aus dem Text ...
FRIEDRICH KITTLER   So entsteht die Ilias und deshalb ist die Ilias auch so ein bisschen selbstwidersprüchlich an vielen Stellen, weil der Sänger das nicht ganz durchkonstruieren kann. Die *Odyssee* ist im Vergleich zur Ilias absolut konstruiert und nachweislich jünger, deren Dichter konnte selber schreiben. Die Telemachie, die ersten vier Gesänge der *Odyssee*, die drangehängt sind, stammt offenbar aus dritter Generation – denn der kann wahnsinnig rechnen. Der synchronisiert sämtliche Helden-Lebensläufe vom Tag des Untergangs Trojas aus: acht Jahre, neun Jahre, sechs Jahre, sieben Jahre ... verstehen Sie? Da wird zum ersten Mal eine Kohärenz von Menelaos, Odysseus, Agamemnon usw. hergestellt. Das entspricht genau dem Verhältnis von Wolfram von Eschenbach und Gottfried von Straßburg. Wolfram von Eschenbach sagt einfach, »ine kan decheinen buochstap. – Ich kenne keinen Buchstaben«,[42] und wie mein großer romanistischer Lehrer gezeigt hat, ist das nicht bloß ein Psalm-Zitat, sondern das wird wohl auch stimmen. Der *Parzival* ist derart haarsträubend nicht-komponiert, dass der Kerl diktiert haben muss. Der hat lesen können, sonst hätte er die französischen Vorlagen Chrétien de Troyes usw. nicht verstehen können. Gottfried dagegen mit seiner berühm-

---

42 Parzival, Kapitel 6, Vers 57, S. 115.

ten Polemik gegen Wolfram von Eschenbach macht
vollkommen klar, dass er Lateinisch, Französisch und
Deutsch lesen und schreiben kann. Deshalb heißt er Magister, das heißt Meister, hat also zumindest die erste, die
Philosophische Fakultät, besucht, in Paris oder wo auch
immer. Und was macht er daraus – dieser großartige
Gottfried von Straßburg? Er erklärt den heiligen Christ
für einen Windbeutel[43] und singt Apollon und die neun
Sirenen als neun Musen um Hilfe an, um zu dichten. Ich
könnte Ihnen das vorlesen, da würden Ihnen die Tränen
fließen. Angeblich bedeutende Germanisten meinen
dann, das sei irgendwie ein katharischer Ketzer gewesen,
der Gottfried von Straßburg. Ich sage: Nein! – Er ist
ein glühender Heide, der uns die griechischen Götter
zurückgeben will. Einmal sagt er, Isolde stellt Helena von
Sparta in den Schatten. Und dann sagt er noch, seitdem
er elf sei, habe er die Isolde unter einem anderen Namen
geliebt und beschlafen.

TILL NIKOLAUS VON HEISELER Damit, mit diesem gewaltigen Aktschluss – mit der ungenannten Genannten – beenden wir diesen Akt.

Lange Stille, in der Friedrich Kittler Tristan und Isolde *in die Hand nimmt und Till Nikolaus von Heiseler in seinen Aufzeichnungen blättert, nachdenkt und etwas zögerlich sagt:*

TILL NIKOLAUS VON HEISELER Aber ich möchte diesem Akt einen kleinen Kommentar oder eine Beobachtung hinterherschicken und die soll nicht auf die Hinterbühne verbannt sein: also ein Nachtrag, aber irgendwie doch noch zu den Anfechtungen gehörig. Es geht hier um die Idee, dass die Anfechtungen nicht nur die Theorie treffen, sondern umgekehrt die Bedingung dafür sind, dass die Theorie überhaupt entstehen kann. Vorhin, als Sie mir

---

43 »daz der vil tugenthafte Crist / wintschaffen als ein ermel ist.«, Gottfried, von Straßburg: Tristan. Mittelhochdeutsch/Neuhochdeutsch. 2. Bd. Nach Friedrich Ranke neu herausgegeben und übersetzt von Rüdiger Krohn, Stuttgart 1980, Vers 15735f.

von dem interessanten Unterschied zwischen Foucault und sich selbst erzählt haben, da kam mir eine Idee. Also bei dem mittleren Foucault, da sind es ja Unhintergehbarkeiten, also auch etwas, das im Verborgenen wirkt und gar nicht auftaucht, das, was untergründig immer vorhanden ist. Aber vielleicht muss man, damit man darüber schreiben kann, es eben doch als Gewalt oder Macht erfahren, als etwas also, das von außen kommt. Man erlebt sich also als Fremdkörper, also als das, was die anderen in einem sehen, und sein leidvolles, empfindsames Gegenteil, und von außen kommt die Norm, der man sich nicht entziehen kann. Und nur auf diese Weise wird das Normale zum Problem. Das kann entweder durch Theoriemittel geschehen, durch eine kontrafaktische Abstraktion, oder dadurch, dass das, was für alle ganz normal ist, eben nicht normal ist, und jemand so das Unumgängliche, also das historische Apriori, sozusagen am eigenen Leib erleidet. Aber warum unumgänglich? Was soll das heißen? Darauf gibt es zwei Antworten: Erstens kann man sich nicht entziehen, weil wir alle in der Schrift bzw. im Bildungskanon leben, und zweitens kann man sich nicht entziehen – das ist jetzt etwas lacanianisch, obwohl das Zitat wörtlich von Kojève übernommen wurde, meines Wissens nach –, weil das Begehren das Begehren des anderen ist. *Das Begehren des Menschen ist das Begehren des Anderen*, so heißt es korrekt. Und genau dies ist gestört, dieser Kreislauf, wie die Begehren sich aufeinander beziehen, man begehrt zwar, begehrt zu sein, ist es aber nicht, oder man will nicht *so* begehrt werden, *wie* man begehrt wird, man fühlt sich missverstanden. Man will die Anerkennung der anderen Jungs, jetzt also im Fall Foucault – ich improvisiere, da ich von Foucaults Leben keine Ahnung habe und das nur eine Vermutung ist –, und bekommt die Anerkennung nicht, weil man nicht die richtigen Mädels abschleppt, die man gar nicht abschleppen will oder kann, weil man lieber die Jungs abschleppen möchte, deren Anerkennung man nicht hat. Und in Ihrem Fall die Grundschule unter

SED-Bedingungen ...
FRIEDRICH KITTLER   Oh, ja!
TILL NIKOLAUS VON HEISELER   ... oder besser gesagt der
Antagonismus zwischen Elternhaus und Schule. Und ich
finde, es ist, ehrlich gesagt, gar nicht der Punkt, ob man das
nun Gewalt oder Glück nennt, sondern ob man diese Gewalt
und dieses Glück – denn es ist ja irgendwie beides – entweder als etwas denkt, das ein bloßes Hilfsmittel ist, ein
Werkzeug – also Sprache als Instrument der Verständigung
usw. –, oder ob man Schrift, Buchdruck und den Computer
als konstitutiv für Wahrheiten versteht. Dabei wird allerdings oft der Fehler begangen, die menschliche Sprache in
eine Medienabfolge einzureihen. Also etwa: Sprache, Schrift,
Buchdruck, Computer,[44] denn Sprache ist nicht einfach nur
eine Kulturtechnik, sondern als Kompetenz die unhistorische
Grundlage all dieser Kulturtechniken: ein *biologisches
Apriori*. Schrift und Buchdruck usw. dagegen sind Kulturtechniken, und als solche bauen sie einerseits auf der Sprachkompetenz auf, auf der *Universellen Grammatik* im Sinne
Chomskys, eher dem *a priori* bei Kant verwandt – die Frage,
was uns zum Menschen macht –, und sind andererseits
jeweils historisch und bestimmen als solche alle Bereiche
der Wissensreflexion, und wie wir uns selbst verstehen. Die
jeweiligen Kulturtechniken, zum Beispiel die Schrift, bringen
zwar nicht den Menschen hervor, aber sein Selbstverständnis
und seine Wahrheiten. Wir hatten ja oben davon gesprochen,
über die *Interpenetration*, dass das Bewusstsein immer schon
vom *großen Anderen* gefickt ist und es dadurch überhaupt
erst zum Subjekt wird: zum *Sub-jekt, zum Unter-worfenen*,
das eben seit dem altägyptischen *Osirismythos* sich als
Geficktes definiert. Und das ist es, was uns zum Menschen
macht, diese Möglichkeit, die uns in der Sprachkompetenz
gegeben ist und uns im gleichen Zuge sensibel macht für
Anerkennung und die symbolische Ordnung. Dass einer
dieses Unterworfen-Sein praktisch am eigenen Leib erleidet

---

44   Beispielsweise: Dirk Baecker, Studien zur nächsten Gesellschaft, Frankfurt am Main 2007.

und es deshalb in Bezug auf eine bestimmte Kulturtechnik als Historisches begreifen kann, als kulturelles, geschichtlich bedingtes Dispositiv, ermöglicht einen Theorietypus, der das Alltägliche als das Unwahrscheinliche beschreibt und dann fragt, wie es dennoch möglich ist.[45]

FRIEDRICH KITTLER Mh-mh.

TILL NIKOLAUS VON HEISELER Und so kann man dann die Geschichte als die Geschichte der Brüche des historischen Apriori erzählen: So wird dann Seinsgeschichte möglich: So wie Sie sie erzählen, als Geschichte der Medien.

FRIEDRICH KITTLER Ja.

TILL NIKOLAUS VON HEISELER Der Punkt war ja, und da eben kommt der Wahnsinn ins Spiel, dass man zunächst das Unhintergehbare als etwas Fremdes erlebt, weil man selbst fremd ist oder Außenseiter und alle anderen in das selbe Horn stoßen. Die Hintergehung des Unhintergehbaren ist also der Wahnsinn, den man braucht, um das historisch Unhintergehbare als solches zu bezeichnen.

In der Anerkennungsökonomie muss da irgendwie eine Störung auftreten, ein Strudel, der das Normale als das Ungewöhnliche oder Merkwürdige – im wörtlichen Sinne des Wortes – erlebbar macht.

FRIEDRICH KITTLER Da kann ich nur immer wieder *Ja* sagen.

TILL NIKOLAUS VON HEISELER Acta est fabula, plaudite!

Kittler blättert in Tristan und Isolde.

---

[45] Vgl.: Niklas Luhmann, *Zu einer Theorie sozialer Systeme*, in: Aufsätze und Reden, Stuttgart 2001, S. 8ff.

backstage 03

FRIEDRICH KITTLER *in »Tristan und Isolde« blätternd suchend, dann lesend*
ein man ein wîp, ein wîp ein man,
Tristan Isolt, Isolt Tristan.[46]
blättert
wan swâ man noch hoeret lesen
ir triuwe, ir triuwen reinekeit,
ir herzeliep, ir herzeleit,
Deist aller edelen herzen brôt.
hie mite sô lebet ir beider tôt.[47]
ihr Herzelieb, ihr Herzeleid.... so lebet ihr beider Tod, d. h., das ist das Abendmahl, das christliche. Brot der edlen Herzen. Die Liebesgeschichte ist »Edler Herzen Brot, so lebt ihr Leben, so lebt ihr Tod«. Und die Stelle, die ich suche ...

TILL NIKOLAUS VON HEISELER *zum Tonmann – leise* Was machst du da?

FRIEDRICH KITTLER Oh, ich zittere schon vor lauter ...

TONMANN Darf ich Ihnen das unters Revers legen?

FRIEDRICH KITTLER Ja, legen Sie nur ... ich müsste es

---

46 Gottfried, von Straßburg: Tristan. Mittelhochdeutsch/Neuhochdeutsch. 2. Bd. Nach Friedrich Ranke neu herausgegeben und übersetzt von Rüdiger Krohn, Stuttgart 1980, S. 130f.
47 Ebd., S. 30ff.

gleich haben ... dieser ... Ah, hier ist die Stelle: Gottfried ... Also er sagt, er kann die Schönheit von Tristan und Isolde nicht ohne Musen-Anrufung richtig besingen. Das sagt er so schön – ich übersetz' es Ihnen später –

mîne vlêhe und mîne bete
die wil ich êrste senden
mit herzen und mit henden
hin wider Elicône
ze dem niunvalten trône,
von dem die brunnen diezent,
ûz den die gâbe vliezent
der worte unde der sinne.
der wirt, die niun wirtinne,
Apolle und die Camênen,
der ôren niun Sirênen,
die dâ ze hove der gâben pflegent,
ir genâde teilent unde wegent,[48]

... die sollen mir zu Hilfe kommen. In Neuhochdeutsch: Mein Flehen und meine Bitte, die will ich zuallererst richten, mit Herzen und mit Händen, hinauf zum Helikon, zum Musenberg, zu dem neunfalten Thron, aus dem die Brunnen rieseln, aus dem die Gaben fließen – gemeint sind die Gaben der Worte – aus dem die Gaben fließen – der Worte und der Sinne, also Signifikat und Signifikant kommen aus dieser Musenquelle. Der Wirt, der Gastgeber, und die neun Wirtinnen, Apollon und die Kamenen – ein altitalienischer Name der Musen – der Ohren neun Sirenen, die da am Hof dieser Gaben pflegen, die sollen mir zu Hilfe kommen – ist doch hinreißend! – Denn das Motiv der Sirenen trägt ja meine ganze Arbeit jetzt, das Spätwerk sozusagen ist um die beiden Sirenen bei Homer in der *Odyssee* aufgebaut. Und es geht eben auch darum, all' denen Bescheid zu sagen, die sich an den beiden Sirenen vergangen haben. Gottfried vergeht sich nicht, denn die Gleichsetzung von Sirenen

[48] Ebd., S. 4860ff.

und Musen ist das innere Geheimnis der *Odyssee*. Alle, die die *Odyssee* mit Liebe und Herz gelesen haben, die wissen das. Und alle, die die Sirenen in eine mythische Vergangenheit aufgrund falscher, deutscher *Odyssee*-Übersetzungen verbannen, wie Horkheimer und Adorno, oder alle, die Scheißdreck oder Schindluder mit ihnen treiben wie Franz Kafka und James Joyce, die sollen zum Teufel geschickt werden, in den Hades.

TILL NIKOLAUS VON HEISELER Im *Doktor Faustus*, also bei Thomas Mann, wo Leverkühn sich der Genialität verschreibt, dem Schaffen für 24 Jahre, also sich der Muse oder besser Sirene opfert, das ist gleichzeitig sein Untergang.

FRIEDRICH KITTLER Hat er da was mit den Musen am Hut?

TILL NIKOLAUS VON HEISELER Na ja, Thomas Mann hat ja den Doktor Faustus, die Figur des Leverkühn, nach dem Modell Nietzsches konzipiert, das ist die Innenseite, und von außen ist er ein Komponist, so ein bisschen Arnold Schönberg nachempfunden und dann noch ein bisschen Faustus, die mittelalterlichen Quellen, nicht Goethe, und nun kommt der besagte Tonsetzer und lässt sich absichtlich mit Syphilis infizieren.

FRIEDRICH KITTLER Jaja, eine abscheuliche Szene.

TILL NIKOLAUS VON HEISELER … um die Genialität für 24 Jahre sein eigen zu nennen, und macht dann einen Pakt mit einem vorgestellten Teufel, um zu sagen: Dies ist der Preis dafür, ich opfere mein Leben, ich gebe mich ganz und werde untergehen, aber ich habe diese 24 Jahre und schaffe in dieser Zeit Werke. Und da dachte ich mir, dass die Sirenen – das, was zerstört – und die Muse, der man dann ganz folgt, eben ihre Gleichheit in dieser Vernichtung haben, in dieser Selbstvernichtung. ~~Ich habe einmal einen Text angefangen über die Liebe, Titel:~~ *~~Liebe als Katastrophe~~*~~, denn wenn es eine große Talentvernichterin gibt, eine Zerstörung von allem, was heilig ist, dann ist dies genau, was man,~~ *~~man~~* ~~jetzt im Heidegger'sche Sinne, Liebe nennt.~~ *~~Man~~* ~~liebt. Und das eben zu zweit.~~

~~Das ist der vollkommenste Stumpfsinn und die gänzliche Abwesenheit der Welt. Liebe und Karriere. Aber genau deshalb ist ja der Pakt mit dem Teufel und die Infizierung keine Vernichtung des Werkes. Wenn ich jetzt Ihren Stil übernehme, soweit ich mich jetzt in ihn eingehört habe, würde ich sagen: Sehen Sie, Herr Kittler, Sie denken die Sirenen von der Liebe her und ich die Liebe von den Sirenen, also von der Vernichtung [her].~~ Aber Odysseus ist eben kein Kleinbürger – auch wenn Adorno anderer Meinung ist – und deshalb bindet er sich an und erliegt nicht der Verführung, sondern entscheidet sich für seine Tat: das grausame Strafgericht für die Freier. Das ist sein Werk, geschrieben in Blut, und so ist das Verhältnis von Odysseus und den Sirenen eben etwas ganz anderes. Der Punkt ist ja, dass er vorbeifährt.

FRIEDRICH KITTLER Ich hoffe, nachgewiesen zu haben – und zwar archäologisch und nicht bloß textuell-philologisch –, dass Odysseus gelandet ist. Aber weil er der größte Lügner unter allen Griechen ist, wird er das weder Nausikaa auf die Nase binden und schon gar nicht seiner Frau Penelopeia. Das ist ja der Anfang des vorletzten Buches.[49] Wo die Spätantike die beiden Sirenen lokalisiert hat, das weiß man nämlich. Wir haben tatsächlich akustische Tests durchgeführt bei den Sireneninseln, dort, wo diese mit Recht vermutet werden: im Golf von Salerno. Und zwar hatte ich mich mit einem jungen Dirigenten und Komponisten unterhalten, und der hatte mich noch einmal darauf hingewiesen, dass die akustischen Verhältnisse im Freien, und insbesondere über das Meer, also zwischen dem Schiff der Griechen und der Insel der Sirenen, viel schwieriger sind als etwa in einem geschlossenen Raum oder einem Athener Theater. Im Freien hört man kaum auf 10 Meter, man hört die Stimmen, aber man versteht sie nicht, weil man nämlich das nicht hört, was uns die Verständlichkeit der Sprache

---

[49] Friedrich Kittler, *Musik und Mathematik I, Hellas 1: Aphrodite*, Paderborn 2006, S. 43–58.

schenkt: die Konsonanten. Und wir haben uns die Karten angesehen und gesagt: Wir fahren da hin. Und das haben wir dann auch gemacht. Wir waren zu zwölft: drei Frauen und neun Männer, darunter zwei ausgebildete Opernsängerinnen, eine weitere Frau war nur in der Gestalt einer Geliebten dabei. Die Opernsängerinnen waren die Sirenen, mit denen ich griechische Lieder eingeübt hatte, und er mit ihnen Neue Musik. Wir haben uns das Recht erkauft, auf diese Privatinsel zu gehen, für ungefähr 1000 Euro haben wir Equipment, Messgeräte usw. herübergeschleppt. Wir sind erst einmal mit einem Boot mit Kiel herangefahren und beim nächsten Mal noch einmal mit einem Schlauchboot ohne Kiel, da kamen wir bis auf ungefähr 9 Meter an die beiden Sängerinnen am/n Land heran. Und sie sangen aus ganzem Leibe, und wir haben nur Vokale verstanden, keinen einzigen Konsonanten. Und wenn wir 10 Meter auf derselben Insel standen, dann haben wir sie erstens verstanden, zweitens haben wir gesehen, dass es Wiesen gibt, die man von unten aus dem Schiff nicht sehen kann. Odysseus zitiert immerhin acht volle Hexameter, wortwörtlich, von den Sirenen ihm gesungen. Er hat sie also verstanden, sonst könnte er das ja nicht. Das heißt also, Odysseus muss gelandet sein. Von der Kirke hatte Odysseus ja gesagt bekommen, dass er da auf keinen Fall landen soll, denn dann würde er von ihnen um die Heimkehr gebracht werden, und dann sagt sie auch noch, dass da überall faulende Männerleichen, denen die Häute schrumpfen, so heißt es da, herumliegen. Das ist griechisch die schlimmste Vorstellung überhaupt ...

TILL NIKOLAUS VON HEISELER Polyneikes.

FRIEDRICH KITTLER ... unbestattet zu sein als Leiche: den Vögeln und Hunden zum Fraß. Das alles hat ihm Kirke – die Menschen gern in Schweine verwandelt und Odysseus sexuell beglückt ein Jahr lang – gesagt. Odysseus schweigt seinen Gefährten von dieser Sache mit den faulenden Leichen, weil sie dann wahrscheinlich gar nicht landen würden: auf einer Insel. Und er sagt, dass dann

die Wiese, auf der die Sirenen sitzen, voller Blumen ist.
Und daraus folgt, dass irgendwo Süßwasser ist auf dieser
Insel. Und sie kommen von der Insel der Kirke, die etwa
200 Kilometer im Norden liegt, die Küste hinabgefahren
und sind etwa 50 Mann mit lebenden Tieren wahrscheinlich und haben dann noch eine lange Strecke vor sich
durch die Meerenge von Messina. Und so sind eben die
Blumen ein Zeichen, das dem Seefahrer zuwinkt, dass es
dort Trinkwasser gibt. Und dann singen die Musen acht
Verse.

TILL NIKOLAUS VON HEISELER   Acht Hexameter.

FRIEDRICH KITTLER   Ja. Zwei Münder vereinen sich …

TILL NIKOLAUS VON HEISELER   Irgendwo schreiben Sie,
dass es sich hier um zwei Öffnungen, zwei Münder
handelt …

FRIEDRICH KITTLER   Zwei Löcher – im Sinne von Jacques
Lacan. Also zwei Öffnungen vereinigen sich zu einer
schönen Gesangstimme: das erotische Partialobjekt, gene-
riert durch zwei Münder …

TILL NIKOLAUS VON HEISELER   … die zwei Sirenen …

FRIEDRICH KITTLER   … die später zu dreien sind und
abscheuliche Mischwesen darstellen, auf Vasen und Fres-
ken: Oben herum junge Frauen mit Brüsten und unten:
Krallen und Vögel. Bei Homer aber sind es einfach nur
Nymphen, also singende, junge Mädchen, die noch kein
Kind geboren haben. Das muss nicht heißen, dass sie eine
Jungfrau ist, und zweitens heißt Nymphe – streng medi-
zinisch – einfach: die *Klitoris*. Und auf der anderen Seite
ist genau hier der Punkt, an dem alles, was später Mathematik sein wird in Griechenland und später in Europa,
beginnt. Pythagoras wird gefragt, was das Orakel von
Delphi sei und gibt darauf eine mathematische Antwort
und wird dann gefragt: Was ist denn das, diese mathematische Formel? Und Pythagoras sagt: Das ist ganz einfach,
die Formel bezeichnet die Harmonie, also die Oktave.
Und dann fragen sie ihn, was denn die Oktave sei, und
er sagt: Das ist das, wie die beiden Sirenen singen. Und
damit beginnt dann die Mathematik. Die Oktave teilt die

Saite genau in der Mitte, und man kann dann zu rechnen beginnen. Und was vielleicht auch interessant ist für die Flaschenpost: Die Sprache und die Musik unterscheiden sich ja dadurch, dass die Sprache auch Konsonanten hat, und dass deshalb Artikulation stattfindet. Also eine wechselseitige Artikulation von Konsonanten und Vokalen, so wie das Aristoteles zum ersten Mal sehr schön beschrieben hat. Was ist eine Silbe?, fragt sich Aristoteles im zwanzigsten Kapitel der *Poetik*, um dann aus zwei Silben ein Wort zusammenzusetzen und aus zwei Wörtern den kürzest möglichen Satz, *Logos*.

TILL NIKOLAUS VON HEISELER   *Logos*?

FRIEDRICH KITTLER   Heißt nicht nur *das Wort*, sondern auch *der Satz*. *Logos* heißt entweder Wort im Sinne von Begriff oder ein einfacher Satz, aber einen *Logos* nennt er auch die *Ilias* – weil sie zusammenhängt. Eine Einheit durch Bindung. Und das Beispiel, das Aristoteles für den ganz kurzen Satz gibt, ist sein eigenes Wort: *zoon logon echon – Tier Rede habend*. Das ist die kürzeste mögliche Formulierung der Tatsache, dass der *Logos* eben sowohl die Spannweite einer *Ilias* versammelt als auch die gedrängte Definition, die Aristoteles selber vom Menschen gegeben hat. Das Gerücht, Aristoteles habe gesagt, nur der Mensch hat Artikulation, das bezieht sich ausschließlich auf Säugetiere, die nämlich vor Brunst oder vor Todesangst schreien, aber nicht artikulieren können. Aber: artikulieren können nicht nur Menschen, sondern auch die Nachtigallen. Laut Aristoteles – nicht laut mir, und völlig richtig, jeder Biologe wird Ihnen das bestätigen – ist der Warnschrei oder der Angstschrei den Nachtigallen angeboren, wohingegen der artikulierte Gesang von jeder Nachtigall, jedem Hahn, erlernt werden muss. Aristoteles denkt noch, dass die Hennen das von ihrer Mutter lernen, denn das Geschlecht von Vögeln konnte man erst ab ungefähr 1900 an den Chromosomen feststellen. Bei Hähnen und Hennen kann man es natürlich unterscheiden, aber bei Nachtigallen sehen beide Geschlechter gleich aus. Die Gesänge sind Werbegesänge, und zwar angelernte. Manche Nachtigallenhähne können 120 metrische, rhythmische

Pattern kombinieren zu jeweils neuen Liedern, und die dummen können eben nur ungefähr 30. Das ist artspezifisch, aber auch zugleich nicht artspezifisch, weil es nämlich – laut Auskunft von Cord Riechelmann – bislang so war, dass wir westlich der Oder unsere Nachtigall hatten – auch in Griechenland – und östlich der Oder wohnen die Sprosser. Das sind zwei unterschiedliche Arten einer Gattung. Aber Berlin ist jetzt für die ostoderischen Sprosser so attraktiv, dass sie hierher übersiedeln und Nachtigallen-Strophen lernen. Und die Nachtigallenhähne lernen langsam, wie Sprosserhähne zu singen. Auf diese Weise können nämlich Nachtigallen mit Sprosserinnen und Sprosser mit Nachtigallinnen ficken oder vögeln. Die Eier sind noch taub, aber in 10, 20 Jahren, so schätzt Riechelmann, werden sich die Arten vermischen zu einer einzigen, nicht nur sprachlich, sondern auch sexuell. Und das sieht man mit Aristoteles, Riechelmann und mir im neuen Buch, wie eben der Spracherwerb beim Kind sozusagen eine affenartig beschleunigte Evolution über die letzten hunderttausend Jahre ist. Und ich glaube nicht, dass die artikulierte Sprache älter ist als der *Homo sapiens*. Der Neandertaler hat bestimmt nur vor sich hingebrummt. Ein Hinweis darauf ist, dass gleichzeitig mit der Ankunft des *Homo sapiens* im Donautal bei Beuron die ersten Instrumente auftauchen. Es ist jetzt die erste Flöte ausgegraben worden, also eine neolithische, eine jungsteinzeitliche Flöte, und was ist eine Flöte anderes als ein System aus artikulierten Tönen? Die Konsonanten entsprechen sozusagen den Dickstellen und die Vokale den Löchern – und so entsteht Musik. Nur Menschen, die Vokale und Konsonanten – wenigstens akustisch – unterscheiden können – dazu müssen sie nicht schreiben können –, vermögen eine Flöte zu konstruieren.
TILL NIKOLAUS VON HEISELER Es gibt ja einen mythologischen Ursprung der Nachtigall, der mir ganz dunkel vor Augen steht: Da ist eine junge Frau, die die Zunge herausgeschnitten bekommt und von ihrem Schwager, dem Mann ihrer Schwester, erst ganz schrecklich vergewaltigt wird, und weil sie anderen nicht erzählen soll, dass der Schwager sie ständig vergewaltigt oder schändet, mit

Gewalt zum *Gamos* zwingt, schneidet er ihr auch noch die Zunge ab, und dann bleibt ihr nichts als das Weben, und so webt sie Nachrichten und nichts anderes bleibt als die Schrift.

FRIEDRICH KITTLER   … Ja … *denkt nach*

TILL NIKOLAUS VON HEISELER   Zunächst holte der Schwager, der irgendein König war, seine Schwägerin, die Schwester seiner Frau, ab, weil seine Frau nach ihrer Schwester Sehnsucht hatte – so ungefähr; aber er versteckt sie, vergewaltigt sie und sagt ihr, dass seine Frau gestorben sei und umgekehrt sagt er auch seiner Frau, dass ihre Schwester tot sei, aber diese hat die Stickerei, also die Schrift, und mit dieser kann sie ihre Schwester informieren, irgendwie rächen sich dann die Schwestern.

FRIEDRICH KITTLER   Ach, das ist ja wunderbar …

TILL NIKOLAUS VON HEISELER   Das mir das nicht einfällt! Ich habe das sogar mal in einem Stück verarbeitet, wo es um das Unaussprechbare geht, um sexuellen Missbrauch und Virginia Woolf, also den Zusammenhang von Missbrauch und Schweigen und den Ausweg durch die Schrift und die Metamorphose. Das Schreiben und das Singen lernen ist eins: Dichtung. Jedenfalls werden sie verfolgt und sie werden zur

FRIEDRICH KITTLER   … wunderbar …

TILL NIKOLAUS VON HEISELER   Nachtigall und zu irgendeinem anderen Vogel, und sie fliegen weg und entgehen so dem Zorn des Königs und allen anderen. Das ist ja sozusagen der mythologische Ursprung der Nachtigall …

FRIEDRICH KITTLER   *Prokne und Philomela*, der Mythos von den beiden Schwestern.

TILL NIKOLAUS VON HEISELER   Genau, Philomela, ja und Prokne! Und nichts bleibt außer dem Schreiben und dem Singen. Die Stiftungen der Dichter.

FRIEDRICH KITTLER   Der böse Thrakerkönig Tereus. Dem wird dann sein eigener Sohn vorgesetzt, von der Ehefrau, deren Schwester er in Gefangenschaft geschändet hat.

TILL NIKOLAUS VON HEISELER   Ach ja, richtig! Und dann verflüchtigen sie sich im wörtlichsten Sinne und verwan-

deln sich in zwei Vögel. Sie fliehen, heißt es, glaube ich,
bei Ovid, und dann wachsen ihnen buchstäblich Flügel:
Die Metamorphose. Und natürlich ist Prokne, jene die
noch die Artikulation besitzt, die Nachtigall, weil sie ja
jene ist, die ihre Zunge noch hat.[50]

FRIEDRICH KITTLER *ausrufend* Ja … ah, das ist ja wunderbar. Das hätte noch ins Aristoteles-Kapitel gemusst.

TILL NIKOLAUS VON HEISELER *nüchtern* Das freut mich, dass ich eine kleine Anregung …

FRIEDRICH KITTLER *ausrufend* Ja *zwei!* …

TILL NIKOLAUS VON HEISELER … einbringen durfte.

FRIEDRICH KITTLER ›Autodidakt‹ ist ja ganz hinreißend vorhin gewesen. Der Sänger in der *Odyssee* ist der Erste, der sich Autodidakt nennt, oder Odysseus nennt ihn Autodidakt, ich habe sie nicht genau im Kopf: die Stelle.

TILL NIKOLAUS VON HEISELER Aber …

FRIEDRICH KITTLER Das heißt wörtlich im Text: Entweder bist du Autodidakt, oder Apollon hat dich diesen Gesang gelehrt.

TILL NIKOLAUS VON HEISELER Ja, und ein wichtiger anderer Unterschied, der Ihre These stützt, ist, dass sich – jetzt kommt, dass *sich* doch wieder rein – ein Rückblick ereignet. Der Unterschied zwischen der *Ilias* und der *Odyssee* liegt ja einerseits in der Zentrierung um eine zentrale Figur, und diese Figur wird ja auch perspektivisch reflektiert, indem es diesen riesigen Rückblick gibt, eine gewaltige Konstruktionsleistung im Verhältnis zum strengen Nacheinander der *Ilias*, wo die vielen Helden auftreten und abtreten, und nun dreht sich alles im Auge des Helden. Der Ich-Erzähler ist auch schon irgendwie eine *camera obscura avant la lettre*. Alles muss durch sein Auge gegangen sein. Und dann beginnt die Reflexion. Das ist das Ende der Unschuld.

FRIEDRICH KITTLER Es ist der Anfang der Rekursion.

TILL NIKOLAUS VON HEISELER Genau: Der Anfang der Rekursion. Das ist eben auch das Auf-sich-selbst-zu-

---

50 Ovid, Metamorphosen VI, 519–530.

rückgeworfen-Sein. Und irgendwie könnte man ironisch bemerken, das ist der Anfang der Dekadenz, das Goldene Zeitalter ist vorbei ~~in der rückwärtigen Projektion~~, und die Ironie ist, dass die Vorstellung des Niedergangs, der Dekadenz, eine der ältesten Vorstellungen überhaupt ist, nämlich dass sie so alt ist wie die Selbstbeschreibung. Aber natürlich geht es um Rekursion. Auch durch den Rückblick, der in der *Odyssee*, nicht aber in der *Ilias*, gegeben wird.

FRIEDRICH KITTLER   Ja, und die mehrfache Gebrochenheit. Das sind ja zwei, drei Rekursionen ineinander. Also *Mise en abyme,* wie die Franzosen sagen, die französischen Literaturtheoretiker: Lucien Dällenbach[51] beispielsweise. Aber das ist noch kein neuzeitliches Bewusstsein, denn ohne die Göttin Athena, die ja in der *Odyssee* Aphrodite geradezu ideal vertritt, würde das alles für den Helden nicht funktionieren: Odysseus käme nie heil heim zu seiner Penelope. Es ist kein *Robinson*-Roman, verstehen Sie? Sondern es ist ihm von den Göttern so gefügt. Also diese angeblich so jungfräuliche Athene, was die alles in der *Odyssee* anstellt! Die kommt zu Nausikaa, gibt ihr einen Traum ein und sagt: Du glückliche Nausikaa, übermorgen kriegst du deine erste Liebesnacht – *Gamos.* Und so also träumt sie und traut sich nicht, das ihrem Vater zu sagen, sie sagt: Papa – wörtlich Papa, steht da im Text – Papa, ich hab' zwei unverheiratete Brüder, die sind so scharf auf junge Mädchen, denen muss ich die Kleider waschen am Strand. Und dann lächelt Alkinoos und sagt: Darfst du gerne machen.[52] Aber er weiß natürlich, dass

---

51   Lucien Dällenbach: *Le récit spéculaire. Essai sur la mise en abyme.* Paris 1977.

52   Lieber Papa, laß mir doch einen Wagen bespannen, / Hoch, mit hurtigen Rädern; damit ich die kostbare Kleidung, / Die mir im Schmutze liegt, an den Strom hinfahre zum Waschen. / Denn dir selber geziemt es, mit reinen Gewanden bekleidet / In der Ratsversammlung der hohen Phäaken zu sitzen. / Und es wohnen im Haus auch fünf erwachsene Söhne, / Zween von ihnen vermählt, und drei noch blühende Knaben; / Diese wollen beständig mit reiner Wäsche sich schmücken, / Wenn sie zum Reigen gehn; und es kommt doch alles auf mich an. / Also sprach sie, und schämte sich, von der lieblichen Hochzeit / Vor

es ihre eigene Hochzeit ist, um die es sich dreht. Athene in diesem Epos inspiriert das Begehren einer jungen Frau, wie das sonst bei den Griechen eigentlich nur Aphrodite tut. Das ist ganz unheimlich. Ich habe das ja zitiert: *Man sollte vom Leben Abschied nehmen wie Odysseus von Nausikaa: dankbar!*

TILL NIKOLAUS VON HEISELER   Und am Ende wird alles gesungen von einem Autodidakten, der vielleicht deshalb ein Autodidakt ist, weil er Homer selbst ist, der sich in die *Odyssee* als Autodidakt hineingeschrieben hat, ein Cameo-Auftritt *à la* Alfred Hitchcock. Nur so eine kleine Phantasie. Von wegen Rekursion. Aber das stimmt schon, das Worttierchen *sich* und die Rekursion sind zweierlei, weil die Rekursion ja wörtlich ein Zurücklaufen ist, verwandt mit dem *dis-cursus*, dem Hin und Her, in dem zum An-Sich der Rede oder des Laufens die Rekursion kommt, nicht nur ein Für-Sich oder für andere, sondern das andere *spondiert* in ganz realer Weise und so kommt es dann – mit Hegel gesprochen – zum *an und für sich*. Und so ist es eben beim Menschen, dessen Selbstbewusstsein sich nur so bilden kann. Da wo *Ich* ist, ist das etwas, das als *Du* von einem anderen bezeichnet wurde. Und es ist vieles ja auch schön, wenn es nicht nur auf sich bezogen ist.

Dicht am Fenster fliegt eine Krähe vorbei: Krächzen.

TONMANN *unverständlich*

TILL NIKOLAUS VON HEISELER   Genau, wir wechseln kurz die Kassette ... Ach, das war doch schööön, das hat mir sehr gut gefallen.

Friedrich Kittler zündet sich eine Zigarette an.

TILL NIKOLAUS VON HEISELER   Sie hatten ja gesagt, vorhin im dritten Akt, im Akt der Anfechtungen, dass Euripides

---

dem Vater zu reden; doch merkt' er alles, und sagte: / Weder die Mäuler, mein Kind, sei'n dir geweigert, noch sonst was. / Geh, es sollen die Knechte dir einen Wagen bespannen, / Hoch, mit hurtigen Rädern, und einem geflochtenen Korbe. (Übertragen von Johann Heinrich Voß, VI, 57–70.)

und Aristoteles wahrscheinlich auch leise gelesen haben. Ich wollte da nicht selbst auch noch als Anfechter antreten, aber bei Gadamer steht, dass sie leise gelesen haben.

FRIEDRICH KITTLER Ich denke, ich kenne mich in diesen Dingen dann doch etwas besser aus als der hochverehrte Hans Georg. Wolfgang Hagen hat mit Hans Georg Gadamer ein Interview gemacht,[53] und dann hat Gadamer gesagt, Husserl war ein Uhrmacher, Heidegger war ein Ingenieur und er sei nur ein Gymnasiallehrer und dann hat er noch zum Wolfgang gesagt: Wissen Sie, Herr Hagen, schon weil ich Gymnasiallehrer bin, kann ich sagen, dass Heideggers Griechisch zu schlecht war – im Unterschied zu meinem –, um Platon lesen zu können. Heidegger konnte nur Ein-Wort-Fragmente der Vorsokratiker lesen und weiter reichte sein Griechisch eben nicht. Das war schon ein bisschen arrogant. Ich habe ihn oft erlebt, drei, vier Male war er in Freiburg bei uns im *kleinen Kreis*. Bei Heideggers Nachfolger war ich ja wissenschaftliche Hilfskraft, quasi Bibliothekar. Und Gadamer kam immer und wir haben uns zusammengesetzt und gegessen und getrunken und er hat sehr charmant geplaudert und ich hatte immer den Eindruck, der hat gar kein richtiges philosophisches Leidenschaft – *Interesse* wollte ich sagen, deshalb habe ich das Neutrum gewählt, aber Leidenschaft fehlte ihm. Während Heidegger ganz furchtbar gewesen sein muss. Ich kann nur den Göttern dankbar sein, dass ich nicht zu ihm hochgeschickt wurde in den Rötebuckweg Nummer 47, weil alle, die nach einer Stunde Heidegger-Spaziergang zurückkamen, meine älteren Freunde und Doktoranten, die waren alle gebrochen irgendwie. Wissen Sie, wenn man mit 28 oder 25 gerade das Exposé seiner Dissertation entwirft, das ist so hoch geschlossen, so abgehoben von allen wirklichen Dingen, das braucht dann nur noch Heidegger, der mit einem einzigen kleinen Finger all diese Luftschlösser zerschlägt. So viele Schreibblockaden habe ich nie wieder erlebt wie bei Heidegger.

---

53 ›Über das Verstehen‹. Gespräch mit Hans-Georg Gadamer, Radio Bremen 1987.

TILL NIKOLAUS VON HEISELER   Und das ist eben auch das Schöne am Autodidaktentum, dass einem die Dinge nicht kaputtgemacht werden. ~~Aber man braucht so viel Kraft dafür, dass ich manchmal denke, dass meine Visionen größer sind als meine realen Möglichkeiten, körperlich gesehen. Wenn man einen Lehrer hätte, der einem manchmal einen Fingerzeig gäbe, dann würde dies so vieles erleichtern.~~

FRIEDRICH KITTLER   Ich habe schon gern studiert, aber ich würde schon sagen: fast alle meine Lehrer waren Deppen. Ich hatte einen guten Lehrer in Französisch, in Romanistik. Das war's.

TILL NIKOLAUS VON HEISELER   Der andere Vorteil des Autodidakten ist, dass man nicht an irgendwelche institutionell bedingten Grenzen des Faches gebunden ist. Wenn einen plötzlich irgendwas interessiert, dann arbeitet man sich da ein. Und das machen Sie ja auch.

FRIEDRICH KITTLER   Ja.

TILL NIKOLAUS VON HEISELER   Und damit stehen Sie ja auch – wenn ich Sie sozusagen zum Ritter schlagen darf – in der Tradition, in der guten Tradition des Dilettanten, des Amateurs. Also desjenigen, der aus Liebe und Freude oder vielleicht aus Neugier etwas macht – nur weil Sie auch eben bei Gadamer die fehlende Leidenschaft angemahnt haben, die Liebe zur Sache. Und diese Liebe zur Sache macht nicht an den Grenzen des Faches halt.

FRIEDRICH KITTLER   Genau.

TILL NIKOLAUS VON HEISELER   Wenn man merkt, hier wird es wichtig.

FRIEDRICH KITTLER   Für *mich* wichtig.

TILL NIKOLAUS VON HEISELER   Das ist doch der Witz mit dem Schlüsselsuchen suchen unter der Laterne.

Kittler lacht.

TILL NIKOLAUS VON HEISELER   Da suchen die Leute den Schlüssel unter der Laterne, weil es da hell ist, also: weil man damit meint, Kariere machen zu können in einem Fach. Aber der Schlüssel ist ganz woanders. Und dann kann es ja auch vorkommen, dass es sich eben verändert, wo man meint, dass der Schlüssel liegen könnte, im Laufe des Lebens.

FRIEDRICH KITTLER   Ja.

TILL NIKOLAUS VON HEISELER   Und radikal dem zu folgen, kann auch mit relativ viel Aufwand verbunden sein.

FRIEDRICH KITTLER   Ja, das ist wahr.

TILL NIKOLAUS VON HEISELER   Und auch mit gesundheitlichem Aufwand.

FRIEDRICH KITTLER   Ja!

TILL NIKOLAUS VON HEISELER   Weil man sich ja eigentlich überlastet damit. Also schon das immer brave Einhalten der institutionell vorgegebenen Fachgrenze ist doch ein Zeichen für mangelndes Interesse, mangelnde Leidenschaft. Oft referieren die Leute ihre Habilitation mit leichten Variationen bis sie emeritiert werden.

FRIEDRICH KITTLER   Und sind auch noch stolz drauf. Bredekamp zum Beispiel, der möchte einfach sein Leben lang Kunsthistoriker sein und sich nie ändern, hat er mir erzählt.

TILL NIKOLAUS VON HEISELER   Das ist für die Gesundheit auf alle Fälle das Bessere.

FRIEDRICH KITTLER   Ohne Zweifel.

Friedrich Kittler und Till Nikolaus von Heiseler lachen.

FRIEDRICH KITTLER   Niemand ist schließlich so gesund wie Bredekamp. Er spielt jeden Montag Fußball mit seinen Doktoranten und Habilitanden, fährt Rad, ist putzgesund und fröhlich, und unsereins ist da das genaue Gegenteil.

TILL NIKOLAUS VON HEISELER   Der Krieg mit den Institutionen ist bei mir ja immerhin mit der Schule abschlossen worden. Ich bin ja schon früh aus allen Schulen entfernt worden. In der dritten Klasse.

FRIEDRICH KITTLER   Ja?

TILL NIKOLAUS VON HEISELER   Und war insgesamt auf zwölf Schulen.

FRIEDRICH KITTLER   Ach Gott! *zündet sich eine Zigarette an.*

TILL NIKOLAUS VON HEISELER   Und bin von sieben Schulen geflogen und bin dann immer für schulunfähig erklärt worden.

FRIEDRICH KITTLER   Das Drama eines hochbegabten Kindes.

TILL NIKOLAUS VON HEISELER   Ja, aber Begabung geht immer auch mit Defiziten einher – auf einer anderen Seite. Zum Beispiel gibt es ja auch eine Begabung zum Arschkriechen.

FRIEDRICH KITTLER   Ja, allerdings.

TILL NIKOLAUS VON HEISELER   Und die erfreut sich der besten Verbreitung.

FRIEDRICH KITTLER   Die Großen sind halt alle tot. Und was übrig bleibt …

TILL NIKOLAUS VON HEISELER   … sind Schleimer.

FRIEDRICH KITTLER   Ja. Genau.

TILL NIKOLAUS VON HEISELER   Deshalb müssen ja die Flure in den Universitäten so oft durchgebohnert werden, weil alles voller Schleimspuren ist.

FRIEDRICH KITTLER   Wenn man Leuten so in den Arsch kriecht, versaut man sich selbst. Es mag ja wirr und irre und leicht psychotisch sein, was ich von mir gebe, aber das muss es halt auch sein, sonst denkt man nichts Neues, wenn man nicht ein bisschen an der Schizophrenie entlangsegelt.

TILL NIKOLAUS VON HEISELER   Die schützt ein wenig. Neugier ist ja auch wichtig. Und dann eben nicht nur unter der Laterne suchen. Die Photonen sind praktisch die Geldstücke, die aus der DFG-Laterne heraussprudeln. Die haben in der DFG eine weitere Institution gegründet, die für die Evaluierung zuständig ist. Die heißt *Institut für Forschungsinformation und Qualitätssicherung* oder so. Und sie tun so, als wenn sie evaluieren, ob denn die Forschungsgelder auch dort ankommen, wo sie hin sollen, aber in Wirklichkeit ist das ein Propagandainstrument in Richtung Politik. Die machen Untersuchungen, die für Sie und mich wie Persiflagen auf Wissenschaft aussehen. Eine Art wissenschaftliches Mimikry für Politiker: ›Streng empirische Untersuchungen‹ mit bunten Grafiken und Prozentsätzen mit einer Stelle hinter dem Komma. 98,2 Prozent der Befragten fanden das Bewerbungsverfahren gerecht und die Beurteiler kompetent. ~~Ah, 98,2 Prozent, das erinnert ja an Wahlen in der DDR.~~ Und dann fragt man sich trotz aller bunten Grafiken, ja wen haben die denn eigentlich gefragt? Und das ist gar nicht so einfach herauszufinden. Es wird überhaupt nicht darüber reflektiert, in welcher Weise die Befragten ausgewählt werden. Und dann findet man, dass diejenigen befragt werden, die Projekte von der DFG bewilligt bekommen haben.

FRIEDRICH KITTLER *lacht* Tatsächlich?

TILL NIKOLAUS VON HEISELER Ja. *lacht*. Die Leute geben sich dafür her und sind wahrscheinlich so beschränkt, dass sie nicht einmal in der Universität als Professor landen könnten. Die sollen mal die fragen, die mindestens dreimal abgelehnt wurden. Da würden die Gutachter vielleicht weniger gut wegkommen. Aber immerhin auch ein Erkenntnisgewinn: Auch wissenschaftliche Institute können einen Narzissmus ausbilden. Es ist ein bisschen so, als wenn ein Bundestrainer die Nationalmannschaft zusammenstellt und dann die ausgewählten Stammspieler fragt, ob die Auswahl in kompetenter Weise erfolgte und sie mit der Wahl zufrieden seien. Diese Selbstbezüglichkeiten und Rekursionen können ja auch gerade manches blockieren, wenn es dann nur noch um Darstellbarkeit für die Politik geht, wenn also Drittmittelförderung am Ende so geschieht, dass sich Darstellungen der Forschung wiederum dafür verwenden lassen, dass ein Bildungsminister oder wer auch immer seine nächste Wahl gewinnt.

Till Nikolaus von Heiseler legt eine Fotografie mit nackten Frauen und Friedrich Kittler auf den Tisch (Performance von Iris Brosch in Venedig).

FRIEDRICH KITTLER Was haben wir denn da?

TILL NIKOLAUS VON HEISELER Das ist ein Foto, das ich Ihnen mitgebracht habe.

FRIEDRICH KITTLER *sentimental verzückt*: Och, schön …

Vielen Dank! ... das darf ich behalten?!
TILL NIKOLAUS VON HEISELER Natürlich!
FRIEDRICH KITTLER Wunderbar!
TONMANN Also, wir haben ein kleines Problem
TILL NIKOLAUS VON HEISELER Was?
FRIEDRICH KITTLER ... Piazza San Marco
TONMANN Batterie
TILL NIKOLAUS VON HEISELER Vom Mikro oder was?
FRIEDRICH KITTLER Ich habe das immer auf'm Schreibtisch, das Reklame-Bild von den halb-, dreiviertelnackten Tänzerinnen.
TONMANN Ja.
TILL NIKOLAUS VON HEISELER Na, dann wäre es gut, wenn es schnell gehen würde.
TONMANN Kannst du mich schnell fahren?
KAMERAMANN Äh, ja.
TONMANN Na dann ...
KAMERAMANN Ich muss eben noch. Eine Sekunde.
TONMANN Sorry.

Kameramann und Tonmann ab.

FRIEDRICH KITTLER Das darf aber nicht zu lange dauern.
TILL NIKOLAUS VON HEISELER Ich weiß. Deshalb habe ich ja das Diktiergerät mitgenommen für die schriftliche Fassung. Das läuft einfach mit. Lief doch bisher ganz gut.
FRIEDRICH KITTLER Wenn meine Standesamtliche kommt, dann müssen Sie sofort Ihre Sachen packen, weil wir dann nämlich essen! Und jetzt erklären Sie mir, was Sie vorhaben!
TILL NIKOLAUS VON HEISELER Na man könnte alles abschreiben und dann ist das eine gedruckte Flaschenpost.
FRIEDRICH KITTLER Und die Filmaufnahmen?
TILL NIKOLAUS VON HEISELER Das ist eine *DVW-970 SONY* Digital Betacam, die hat einmal viel Geld gekostet. Und wissen Sie, warum ich mit so einer Kamera hergekommen bin? Nicht weil die bessere Bilder macht, sondern, weil ich damit mehr Eindruck machen kann auf Sie.
FRIEDRICH KITTLER Ah, ja?

Till Nikolaus von Heiseler   Das ist eben etwas, was oft übersehen wird, dass der Adressat mitschreibt. Und eine große Kamera ist etwas anderes als eine kleine. ~~Von Frauen wird ja manchmal behauptet, dass sie sagen, dass die Größe keine Rolle spielt, aber das ist natürlich eine Lüge.~~
Friedrich Kittler   *lacht*
Till Nikolaus von Heiseler   Also ein Phallus. Leider bin ich jetzt nicht psychoanalytisch bewandert genug. Aber vielleicht könnte man sagen, ein Turm oder ein großes Auto, das ist der Phallus bei Freud, und eine große Kamera, das ist der Phallus bei Lacan. Das ist nicht nur ein Symbol, sondern eine symbolische Maschine, ein Versprechen auf das Begehren des anderen, das du begehrst, weil dein Begehren das Begehren des anderen ist. Das ist dann schon etwas anderes so eine Kamera, weil man sie narrativ aufladen kann. Aufladen mit der Imagination, wer die Aufnahmen sehen wird. Ein Auto dagegen ist in den Koordinaten relativ festgelegt. Ich habe auch gar keinen Führerschein.
Friedrich Kittler   Ich auch nicht.
Till Nikolaus von Heiseler   Das impliziert natürlich eine gewisse Arroganz.
Friedrich Kittler   Natürlich.
Till Nikolaus von Heiseler   Dass man davon ausgeht, dass man kutschiert wird.
Friedrich Kittler   Das war einer der Gründe für die Frau, mit der ich mein Leben teilen wollte, einer der zahllosen Gründe, warum sie mich verlassen hat. Ich habe dich verlassen und nicht verraten, hat sie mich vor sechs Monaten angeschrien. Und dann hätte sie fast geweint, als wir uns getrennt haben, in Freiburg am Hauptbahnhof. Schrecklich. Die will nicht wissen, dass sie mich noch liebt. So etwas Absurdes.
Till Nikolaus von Heiseler   Vielleicht weiß sie das und will trotzdem nicht mit Ihnen leben. ~~Das haben mir auch schon Frauen gesagt: Ich liebe dich, aber das mache ich nicht mehr mit. Oder in einer kleinen Inversion des Thomas-Mann-Zitates und von der anderen Seite betrachtet:~~

~~Es gibt Menschen, die zu lassen nicht leicht, mit denen aber zu leben unmöglich ist.~~

Diese Stelle wurde aus Diskretionsgründen gestrichen, der Leser ist gebeten, sich einige vertraute Wagnerakkorde (Tristan und Isolde) vorzustellen, hinter denen das Sprechen verschwindet und dann plötzlich wieder verständlich:

FRIEDRICH KITTLER ... von Freiburg bis nach Attika – quer durch ganz Italien und dann die Fähre. Einmal war sie so müd, da hat sie ihre Mutter, ihre Tante und mich kutschiert, dass die fast einen griechischen Polizisten totgefahren hätte. Hat mir ihre Mutter wieder erzählt, eine fantastische Frau, die hat es immer versucht, das wieder einzurenken zwischen uns beiden ...

Wieder schwellen die Wagnertöne an, um hinter sich und unter sich delikate Passagen zu verbergen.

FRIEDRICH KITTLER ... Wenn ich das erzählen würde, würde sie mir wahrscheinlich die Gurgel zerdrücken, weil sie das nicht wissen will. Sie kann so paradox sein. Einmal hatten wir in Freiburg ausgemacht, ich besuche sie 8 Stunden lang, weil sie sonst wieder Migräne kriegt, wenn jemand zu lange mit ihr spricht. Und dann hatte sie noch ein Übersetzungsproblem aus dem Französischen, das haben wir besprochen und sind dann noch in die Kneipe gegangen und dann wurden aus 8 Stunden 11 Stunden und dann guckt sie auf die Uhr und da schrie sie mich an: Du bist der einzige Mensch, mit dem ich es länger als 8 Stunden aushalte – ganz wütend. Erklär'n Sie mir das?

Stille. Dann: eine weitere Passage, die aus Diskretionsgründen gestrichen wurde; eine Passage, an deren Worte ich oft denken muss und in dem es vornehmlich um Friedrich Kittlers Super-8-Filme ging.

FRIEDRICH KITTLER ... Einmal ist einer steckengeblieben und hat an der erotischsten Stelle das Bild verbrannt. Ich zittere nämlich um diese Filme. Ich habe ein Jahr lang den wildesten Aktfilm nicht gefunden. Ich hatte gedacht, der ist vielleicht in den Staubsauger meiner ungeschickten rumänischen Putzfrau gerutscht. Und dann tauchte er wieder auf und da hatte ich das Gefühl, dass diese Filme aus meiner Jugend mir mehr wert sind als alles Geld und alle Bücher, die ich gekauft habe. Da hängt die ganze Liebe dran. Das ist ja das Einzige, was ich von dieser Liebe noch habe: diese Filme. Die Minoltafotos, die Farbfotos, liegen alle bei der Davongelaufenen und ich habe sie nie wieder sehen dürfen. Es ist, als wenn man von all diesen Erinnerungen beraubt worden wäre. Und andererseits bin ich auch wieder dankbar, weil das eine schreckliche Erfahrung war: Am Tag meiner Verlobung habe ich eine Kamera geschenkt bekommen von meiner Schwiegermutter – da sind wir dann gleich nach Griechenland gefahren und ich hatte eine Foto- und eine Filmkamera dabei und habe die ganze Zeit Aufnahmen gemacht und habe auf diese Weise den ganzen Urlaub zerschossen. Vor allem auch meine Erinnerungen daran, meine ungefilmten. Das Komische ist, dass man sich entweder erinnert an schöne Dinge oder sie gefilmt hat. Und wenn man sie einmal gefilmt hat, dann sind sie nur noch so wie sie im Film und nicht mehr so, wie man sie im Herzen trägt.

TILL NIKOLAUS VON HEISELER Natürlich.
FRIEDRICH KITTLER Das kennen Sie!?
TILL NIKOLAUS VON HEISELER Ja, natürlich. Überhaupt, wie man sich an Menschen erinnert, hat ja viel mit den Fotografien zu tun, die man von ihnen besitzt und die man dann immer vor sich sieht. Da braucht man keine Ringe zu zerbrechen, um sich wiederzuerkennen, wie in der Antike: *Symbolon*. Das hat sich mit den sozialen Netzwerken, also Facebook und so weiter, sehr verändert, weil man da die eigenen Fotografien häufiger sieht als früher. Wann hat man früher schon ein Fotoalbum angesehen? Also meine Kinder wachsen praktisch mit ihren eigenen Säuglings- und Kinderbildern auf und haben damit ein ganz anderes Verhältnis zu ihrer Lebenszeit. Meine Tochter sagte mir vor Kurzem, als wir über Kindesentwicklungen geredet haben: »Als Baby guckt

man überall rum und sucht das, was anders ist oder neu.« – Und dabei hat sie das vorgespielt und sie sah wirklich dabei aus, wie sie damals als Baby ausgesehen hatte. Und der Unterschied zwischen einfacher Erinnerung und einer Fotografie ist ja auch, dass die Fotografie immer wieder den gleichen Moment zeigt, der angehalten ist, und das brennt sich natürlich anders in das Gedächtnis.

FRIEDRICH KITTLER   Ja.

TILL NIKOLAUS VON HEISELER   Während das andere, die sogenannte Realität, in Fluss ist und ja nicht nur mit den Augen gesehen wird, sondern mit allen Sinnesorganen wahrgenommen wird.

FRIEDRICH KITTLER   Ja.

TILL NIKOLAUS VON HEISELER   Und der Gesichtssinn ist ja der Sinn der Distanz und durch die Fotografie wird die Erinnerung der anderen Sinne zerstört, die sehr viel reicher sind, weil sie eben nicht nur ein Bild sind, sondern eine Situation und ein Gefühl, Gerüche und so weiter: die *Madeleine,* das Proust in den Tee tunkt und aus deren Geschmack die Erinnerungen auftauchen. Das Bild hält ja eher eine Distanz. Die Tonaufnahme ist wieder etwas anderes. Es gibt ein Lachen meines toten Vaters auf einer Aufnahme, wo russische Romanzen gesungen werden. Das ist viel ungreifbarer.

FRIEDRICH KITTLER   Was denken Sie, was ich für halluzinatorische Erinnerungen an ungefilmte Nächte habe. Und dann spricht man mit dem anderen, der dabei war, und der sagt das genaue Gegenteil. Und die Betroffene schweigt. Und die Betroffene hat sogar involvierte Herren in ihrer Praxis eingestellt und ihnen den Eid abgenommen, nie etwas zu erzählen, weder mir noch irgendwelchen Dritten. Und das nennt sich Psychoanalytikerin. Ich verstehe das nicht.

TILL NIKOLAUS VON HEISELER   Die haben ja auch oft viele von den Schwierigkeiten, die sie bei den anderen ausmachen.

FRIEDRICH KITTLER   Und vor allem eine Einzelanalyse ist eine planvolle Zerstörung der Liebe und der Ehe, denn nur von Konflikten profitiert der Analytiker. Wenn zwei miteinander glücklich sind, dann hört die Analyse auf oder man geht gar nicht erst in Analyse.

TILL NIKOLAUS VON HEISELER Es gibt auch andere Motive des Analytikers – da ist ja das Geld nur eines davon –, dass man sich selbst im anderen heilen will. Oft sind Analytiker ja auch Leute, die einmal sehr ambitioniert waren und darunter litten, und dann eben Analytiker wurden und denen es nun – quasi als Rache – darum geht, die Ambitionen ihrer Patienten zu zerstören, weil sie eifersüchtig sind darauf, dass andere noch nicht aufgegeben haben – wie sie selbst. Menschen mit kleinen Händen raten halt anderen gern dazu, kleine Brötchen zu backen. Andererseits ist das natürlich schon eine Praxis, die Praxis des Psychoanalytikers, die auch wieder in die Theorie, zumindest in eine bestimmte Form der Theorie, zurückschlagen kann, die Psychoanalyse. Aber eben auch eine aufwendige Praxis. Deshalb sagt ja Slavoj Žižek, dass er ganz froh ist, die Fälle bei Freud auf hundertsechzig Seiten zusammengefasst zu lesen und nicht über Jahre hinweg jemanden analysieren und Hunderte von Stunden zuhören zu müssen.

FRIEDRICH KITTLER Sagt er das, ja?

TILL NIKOLAUS VON HEISELER Ja, das wäre nichts für mich, hat er mir vor einiger Zeit gesagt, obwohl er ja Psychoanalytiker ist.

FRIEDRICH KITTLER Slavoj ist doch kein Psychiater!

TILL NIKOLAUS VON HEISELER Ich glaube nicht, dass er mich anlügt. Nicht praktizierend, aber er ist Psychoanalytiker von der Ausbildung her.

FRIEDRICH KITTLER Vielleicht hat er sich selbst autorisiert.

TILL NIKOLAUS VON HEISELER Nein, ich glaube sogar, dass er praktizieren dürfte, aber es nicht tut, weil ihm das Reden leichter fällt als das Zuhören, so hat er es mir einmal erzählt. Eigentlich wollte er ja Filmregisseur werden. Das war immer seine Sehnsucht, aber das Begehrte – das Lacan'sche kleine a – darf man ja auch nicht erreichen. Wenn man es erreicht, dann zerfällt es einem wie modrige Pilze …

FRIEDRICH KITTLER ... im Mund.

TILL NIKOLAUS VON HEISELER Ja. Das ist ja auch ein bisschen die Bedeutung der Frau am Horizont, um noch einmal an das Motiv der großen Liebe anzuknüpfen. Also der Abwesenheit als einer Bedingung der Sehnsucht. Das Werk kann ja auch diese Aufgabe übernehmen. Ich habe einen Freund, bei dem das so ist. Bei ihm haben nicht die Frauen diese Funktion, sondern das Werk. Einmal etwas Stimmiges zustande bringen. »Ist mir das Gedicht, das heilige, das am Herzen mir liegt, gelungen ...«[54] Aber wenn man nichts gelten lässt, erhöht sich der Anspruch immer weiter und so kann das Versprechen nie eingelöst werden. Wenn das Werk die Funktion der Erlösung bekommt, schließt sich seine Realisierung aus. Denn Erlösung kann es eben nur immer am Horizont geben – als Versprechen. Bei diesem Freund ist es so, dass eben das ganze Leben eine Art Versprechen auf ein nicht realisiertes Werk ist. Was war jetzt eigentlich die Pointe, auf die ich zugesteuert bin? Jedenfalls ist das Werk, das zu groß ist, um realisiert zu werden, ein schönes Motiv und erzählt uns viel vom Menschen: der Romancier, der immer nur am ersten Satz feilt. Vielleicht heißt deshalb diese Figur bei Camus *Grand*. Der Name ist ja im Französischen nicht das, was man ist, sondern wie man sich selbst ruft. Also jetzt fällt mir die Pointe wieder ein: Man muss sich da eben entscheiden, was man aufbaut am Horizont im Unerreichbaren. Wenn man das Werk dort aufbaut, ist man gegen alle menschlichen Verstrickungen gefeit, aber mit dem Werk wird es nix, oder aber umgekehrt, man baut an diesem Ort die verlorene Frau auf und kann dann in Ruhe Bücher schreiben und publizieren. – Und

---

[54] Nur einen Sommer gönnt, ihr Gewaltigen! / Und einen Herbst zu reifem Gesange mir, / Daß williger mein Herz, vom süßen / Spiele gesättigt, dann mir sterbe. // Die Seele, der im Leben ihr göttlich Recht / Nicht ward, sie ruht auch drunten im Orkus nicht; / Doch ist mir einst das Heil'ge, das am / Herzen mir liegt, das Gedicht gelungen, // Willkommen dann, o Stille der Schattenwelt! / Zufrieden bin ich, wenn auch mein Saitenspiel / Mich nicht hinab geleitet; Einmal / Lebt ich, wie Götter, und mehr bedarfs nicht.

jetzt sind wir endlich mal ins Plaudern gekommen, weil eben auch die beiden nicht mehr an ihren Geräten sitzen. Die ersten beiden Male auf der Hinterbühne ging ja nicht so richtig gut, da hatten wir noch die Spannung aus dem Akt. Hätte man vielleicht Lichtveränderung machen müssen. Dass man das noch deutlicher voneinander trennt. Akt: Scheinwerfer an; Backstage: Scheinwerfer aus. Aber jetzt geht es irgendwie. Und deshalb wollte ich selbst noch eine Frage stellen, die bestimmt ganz dumm ist. Ich bitte, diese Frage mir nicht übel zu nehmen in ihrer vollkommenen Naivität, denn tatsächlich könnte sie in eine ganz falsche Richtung … sehen Sie ich stottere schon vor Angst und zögere, weil die Frage im Grunde eine blasphemische ist, nämlich: Sind denn die Götter etwas, das … sie sind doch bestimmt etwas ganz Anderes als das *historische Apriori* oder das *Archiv* bei Foucault?! Oder sind sie einfach nur ein anderer Name für das Unbewusste, das Reale des Diskurses, sind diese verdeckten Bedingungen des Diskurses das, was Sie Götter nennen?

FRIEDRICH KITTLER Nein, die Götter und Göttinnen sind mehr als Bedingungen des Diskurses. Wie ein großer Gräzist kurz nach dem Zweiten Weltkrieg so schön gesagt hat, besteht überhaupt kein Anlass, an Aphrodite noch eigens glauben zu wollen, sie bezeugt sich jederzeit den Menschen, den Tieren, den Spatzen, die zu ihren heiligen Tieren gehören, den Pfauen usw.

TILL NIKOLAUS VON HEISELER Ach so, das verstehe ich natürlich. Die Götter sind älter als die Menschen. Ich beschäftige mich ja zurzeit mit evolutionsbiologischen Fragen und von daher verstehe ich natürlich, dass die Göttin der Liebe maßgeblich an der Entstehung des Menschen Anteil hat. Und wenn man ein bisschen von Evolution versteht, von Genen und ihrer Konkurrenz, dann kann man sich schon vorstellen, wie Aphrodite diese unglaubliche Macht und Präsenz bekommt, wobei allerdings aus evolutionsbiologischer Sicht Eros, der etwas leichtfertige Sohn Aphrodites, der Vater seiner Mutter ist, also die Sexualität ist natürlich älter als die Liebe, die in Form der Aphrodite gewissermaßen zwischen Eros und Hera steht, also zwischen Begehren und Hochzeit. Andererseits und von einer ganz anderen Warte aus sind die Götter – und da erscheinen sie als das, was die Wissenschaft ausgrenzen muss, um Wissenschaft zu bleiben, also als *Wahnsinn:* ein aus der Mode geratenes epistemisches Fundament, mit dessen Hilfe man die gegenwärtige Form des Wahnsinns, *die sich selbst Wahrheit nennt,* als solche erkennen kann; denn die heutige Wahrheit könnte ja, in einer ungewissen Zukunft genauso als Wahnsinn erscheinen, wie uns die Vorstellung der leiblichen Auferstehung der Toten heute als Wahnsinn erscheint. Also hier auch wieder durch *Folie et déraison* hindurch eine Praxis, die nicht nur für das *Andere der Vernunft* Partei ergreift, sondern der aufgeklärt-rationalen Gesellschaft eben dieses Andere und Unzeitgemäße entgegenhält. Aber das ist vielleicht auch gar nicht erklärungsbedürftig.

Kittler zündet sich eine Zigarette an.

TILL NIKOLAUS VON HEISELER   Aber das ist natürlich ein wichtiger Punkt, dass Aphrodite älter als der Mensch ist. Das ist doch ein Hoffnungsschimmer. Ich würde ihr Alter so auf etwa 600 Millionen Jahre schätzen, zumindest geboren im *Neoproterozoikum*. So alt ist die sexuelle Fortpflanzung und mit ihr beginnt die Aphrodite-Phase der Evolution.

FRIEDRICH KITTLER   Sagt man das so, ja?

TILL NIKOLAUS VON HEISELER   Ich nenne das so. Andererseits verstehe ich natürlich, dass Aphrodite gewissermaßen die Relation der Elemente ist.

FRIEDRICH KITTLER   Genau.

TILL NIKOLAUS VON HEISELER   Denn auch Götter können lieben.

FRIEDRICH KITTLER   Ja. Die Übermenge. Die Elemente sind eine Menge im Sinne von Georg Cantor und darüber gibt es Übermengen namens Aphrodite und die hält die alle zusammen.

TILL NIKOLAUS VON HEISELER   Eine Meta-Göttin.

FRIEDRICH KITTLER Ja, das schreibt Euripides, indem er sagt, dass sie mehr als eine Göttin sei.

Hier ist eine längere Passage gestrichen, in der es um Autodidaktentum und meine Person ging und in der ich Friedrich Kittler buchstäblich mein ganzes Leben erzählte (denn schließlich ging es darum, dass Kittler sein Pulver nicht ohne Kamera verschießt), dann ging es um Literatur, wir nannten eine Reihe von Dichtern, die wir verehren; genannt wurden: Hölderlin, Kleist, Klossowski, Bataille, Benn, Celan, Sappho, Homer, Sophokles, Straßburg, Borges, Nabokov, Robbe-Grillet, Dante, Mann, Rimbaud, Baudelaire, Nietzsche u.a. und dann fragte ich:

TILL NIKOLAUS VON HEISELER Und unter den Lebenden? Wer ist denn da noch interessant?

FRIEDRICH KITTLER Pynchon und Enzensberger. Ich habe immer gern Hans Magnus Enzensberger gelesen. Ich liebe am meisten das *Mausoleum* – Siebenunddreißig Balladen aus der Geschichte des Fortschritts.

TILL NIKOLAUS VON HEISELER Die Grabplatten für die großen Forscher.

FRIEDRICH KITTLER Das hat er geschrieben, nachdem ich ihn kennengelernt hatte. Er war auch mal ein halbes Jahr im Wissenschaftskolleg in der Königsallee in Dahlem und da hat er mich anrufen lassen und ein zweistündiges Mittagsgespräch wurde dann vor dem versammelten Wissenschaftskolleg geführt. Er hat sich neben mich gesetzt und gesagt, dass er mich wahnsinnig gern liest. Da habe ich dann gesagt: Ich lese sie noch viel lieber, Herr Enzensberger. Und ob ich nicht für ihn und die Andere Bibliothek ein Buch über Medien machen könnte. Da habe ich gesagt, Herr Enzensberger, die Bücher habe ich doch schon geschrieben. Ich möchte etwas anderes, Neues schreiben. Das hat er gut verstanden. Und dann hat er einen Schüler von mir gebeten und der hat es dann geschrieben. Als ich das mir dann angesehen habe, dachte ich mir: Vielleicht hätt' ich es doch besser selber gemacht.

TILL NIKOLAUS VON HEISELER Ich hatte es ja schon

erzählt: Ich habe ein paar Fragen mitgebracht von unterschiedlichen Leuten, die wollte ich am Ende des Gespräches anfügen, aber ich glaube, ehrlich gesagt, dass wir dafür keine Zeit finden werden. Darum könnten wir vielleicht jetzt die Zeit nutzen. Das Diktiergerät läuft ja mit und ich kann es dann abschreiben und den Fragenden zuschicken. Eine Frage von Andreas Broeckmann, einem Kunsthistoriker, langjährigem Leiter der Transmediale und des Tesla Berlin. Er fragt, was das größte Kunstwerk sei, und ich habe mir erlaubt in Ihrem Namen postwendend zu antworten: Die *Odyssee*. Daran besteht doch gar kein Zweifel.

Kittler lacht.

FRIEDRICH KITTLER Und *Das Mädchen mit dem Weinglas*: Joannis van der Meer. Hängt in unserer Nationalgalerie. Es ist hinreißend und kein Mensch sieht es an, weil es so klein ist. Ich sage es deshalb, weil ich, als ich es zum ersten Mal sah, darüber erschüttert war, dass es nicht reproduzierbar ist. Ich kannte zahllose Reproduktionen in Büchern und die bringen es einfach nicht, weil die Ölfarben so leuchten und das Weinglas auf unglaubliche Weise gemalt ist. Unfassbar, wie man Glas so malen kann. Ich mag die altmeisterlichen Malkünste immer mehr, je älter ich werde. Ich war auf die letzte *documenta* von einem Architekten eingeladen, von Rem Kohlhaas,[55] als Gesprächspartner, war schön und am nächsten Morgen hat mich so eine junge Kassler Dame durch die *documenta* geführt, und es war nur Schrott, wirklich nur Schrott im ganzen *Fridericianum*, und dann hing da von Gerhard Richter: – *Ellen*. Das wog das Ganze auf. Im *Spiegel* habe ich gesehen, dass er noch eine jüngere Tochter gemalt hat, vielleicht vierjährig, und beide geben nun ein *Diptychon* ab. Die beiden Töchter, die beiden jungen Richterinnen.

TILL NIKOLAUS VON HEISELER Mit Richter kehrt die

---

55 Die Rede ist von *documenta 12*, kuratiert von Ruth Noack.

Fotografie in die Malerei zurück, und das ist natürlich etwas anderes als einfach das Feld zu räumen, wie es die Impressionisten gemacht haben, denn der Impressionismus entsteht ja gewissermaßen als Reaktion auf die Fotografie, und die Malerei weicht auf ein Feld aus, auf dem sie von der Fotografie nicht eingeholt werden kann. Und dabei wird oft übersehen, dass es ja noch eine zweite Möglichkeit gibt, nämlich das neue Medium zu integrieren, es zurückzubiegen, also eben nicht gegen die Fotografie anzumalen, sondern sie zu affirmieren. Und darum ist eben Richter so spannend, weil er nicht gegen die Fotografie anmalt, sondern sie affirmiert. Und was ich mich frage, ist, ob man das Gleiche nicht auch bei der Literatur machen kann, also seitdem es den Film gibt, gilt ja, wie sie in den *Aufschreibesystemen* schreiben, dass es ein unfehlbares Kriterium für ernste Literatur gibt. Früher waren eigentlich alle Künste, also Architektur, Plastik, Malerei, Musik, durch die Materialien bestimmt. Dichtung, dagegen – schreiben Sie so oder ähnlich – war die Universalkunst im Universalmedium der Einbildungskraft und erst durch das Aufkommen der anderen Medien wurde sich die Literatur ihres Materials bewusst, Literatur wird also zur Wortkunst von der strengsten *l'art pour l'art* bis zu den Provokationen der Avantgarde, und ihr Gütesiegel besteht in ihrer Unverfilmbarkeit. Und ob es nun möglich wäre – aber nicht als Pop und bloß Vorbild und über die reine Imagination –, auf eine ganz andere und ernsthafte Weise, die anderen Medien in die Literatur einzufangen, so, wie Richter die Fotografie einfängt oder Polke den Zeitungsdruck verarbeitet. Man kann ja nicht hinter den augenblicklichen Stand zurück. Oder wie Adorno sagt:

FRIEDRICH KITTLER Der Stand des Materials.

TILL NIKOLAUS VON HEISELER Genau.

FRIEDRICH KITTLER Habe ich gerade letzte Woche gelesen. Ende war dann ziemlich zum Kotzen.

TILL NIKOLAUS VON HEISELER Ich mag ja trotzdem seine Sprache oder mochte sie zumindest. Die ist so eingängig.

FRIEDRICH KITTLER   Ja.
TILL NIKOLAUS VON HEISELER   Es gibt ja diese Geschichte, die Henscheid erzählt. Also wir schreiben das Jahr 1933: Machtübernahme. Entsprechend sind die Gemüter gedrückt in der Frankfurter Schule. Um nun die Stimmung zu heben, lässt Horkheimer Schnaps kommen und veranstaltet einen Wettbewerb. Jeder soll einen Satz schreiben, und wer unter Missachtung stilistischer Anstandsregeln das Reflexivpronomen *sich* so nah wie möglich ans Ende hinsetzen kann, der ist der Gewinner. Alle machen mit. Fromm und Marcuse scheiden gleich aus, Benjamin und Horkheimer dagegen schlagen sich wacker. Sieger aber ist – wie sollte es anders sein – Adorno mit dem unübertrefflichen Satz: »Das unpersönliche Reflexivum erweist noch zu Zeiten der Ohnmacht wie der Barbarei in der Tat als Kulminationspunkt und Unverzichtbares der Kritischen Theorie sich.« – so ähnlich. Aber was ja irgendwie niemand weiß, ist, dass dieses merkwürdige späte *sich* viel bodenständiger ist, als man meinen sollte: das ist einfach Jiddisch.
FRIEDRICH KITTLER   Ja?
TILL NIKOLAUS VON HEISELER   Ja. Jiddische Syntax. Ich habe mich mal sehr, sehr oberflächlich mit Jiddisch beschäftigt und da ist mir dann zumindest Adorno stilistisch aufgegangen.
FRIEDRICH KITTLER   Tatsächlich?
TILL NIKOLAUS VON HEISELER   Beispielsweise auch zusammengesetzte Verben nicht zu trennen, also zu schreiben und *das widerspiegelt die Produktionsbedingungen der Unterhaltungsindustrie*, statt *dies spiegelt die Produktionsbedingungen wider*. Das ist Jiddisch, und das späte *Sich* ist auch Jiddisch und auch einen Nebensatz zu Ende zu bringen vor dem Einschub und das Verb des Nebensatzes nicht ganz ans Ende zu setzen. – Die nächste Frage kommt von Peter Fuchs, einem Schüler von Niklas Luhmann. Er fragt: Wenn Sie vor Petrus stünden und der würde fragen: »Lieber Friedrich, was ist die Frage, auf die dein Lebenswerk eine Antwort geben will?« Was

würden Sie antworten?

FRIEDRICH KITTLER *überlegt* Das Glück und der Schmerz?!

TILL NIKOLAUS VON HEISELER Das Glück und der Schmerz!?

FRIEDRICH KITTLER Oder die Liebe und der Tod? Drunter machen wir's nicht! Die Liebe und der Tod. Alles andere interessiert doch kein Schwein.

Stille. Träumerische Blicke.

FRIEDRICH KITTLER Oder?

Es klingelt. *Friedrich Kittler sagt einen unverständlichen Satz, in dem »so freundlich« vorkommt und wohl eine Aufforderung darstellt. Till Nikolaus von Heiseler ab. Auftritt: Tonmann, Kameramann, Till Nikolaus von Heiseler. Ton- und Kameramann machen sich an ihren jeweiligen Apparaten zu schaffen.*

TILL NIKOLAUS VON HEISELER Also wir befinden uns noch auf der Hinterbühnen. Das ist ja auch interessant, nicht wahr, dass man auf der Hinterbühne über die Bühne reden kann, aber nicht umgekehrt. ~~So wie man mit der Geliebten über die Frau sprechen kann, aber andersherum besser nicht.~~ Nun wollen wir also zu Ihnen kommen, endlich zu Ihnen: Zur Person. *lacht* Wozu? könnten wir nun einwenden. Was soll denn der Blödsinn? Weshalb den sogenannten Menschen bemühen? Frühstücksfernsehen. Vorhin hatte ich das ja schon angedeutet: Kuhns Unterscheidung zwischen den Normalwissenschaften und wissenschaftlichen Revolutionen.[56] Durch das Leben, durch die Abweichler versorgt sich das System der Wissenschaft mit notwendigen Kontingenzen, die die Funktion haben, Variationen hervorzubringen. Es muss ja zunächst zu einer Variation kommen, und wenn eine neue Variation positiv selektiert wird, sich also durchsetzt, kommt es zu einem Paradigmenbruch,

---

56 Thomas S. Kuhn, *The Structure of Scientific Revolutions*, Chicago 1962.

der dann auch die zukünftigen Gesetze der Selektion verändert. Die Variation ist die Einheit der Differenz von Fehler und Innovation. Fehler können von später wichtig werdenden Innovationen oft anfangs gar nicht unterschieden werden. Das machen wir im Akt. Das ist doch viel besser. Aber eins wäre natürlich ausgezeichnet, wenn wir die Bedeutung der Jugend und Erziehung auch noch mal theoretisch einholen könnten. Wie wird ein junger Mensch programmiert und so weiter. Noch mal auf Anfang. Kamera läuft?
KAMERAMANN   Läuft.
TILL NIKOLAUS VON HEISELER   – Ton?
TONMANN   Läuft.

vierter akt: zur person

> »… wie dürfte ich mich mit denen verwechseln, für welche heute schon Ohren wachsen?«
> (Friedrich Nietzsche)[57]

TILL NIKOLAUS VON HEISELER *mit der Stimme eines Moderators* Wir kommen nun zur Person. Und natürlich fragen wir uns, warum das nötig ist. Wir hatten gesagt, dass wir den eigentlichen Autor als eine Art Störung beschreiben können. Im Betrieb der Normalwissenschaften ist es ja eher der Betrieb, der einfach funktioniert, Verordnungen, Konventionen, Institutionen produzieren die Texte und verfeinern Schritt für Schritt bestehende Theorien: Hier eine kleine Fundstelle, dort eine Präzisierung, eine Ergänzung, eine Abgleichung. Über die Reputationsbestrebung kommt es zu einer Anpassung an das Bestehende: vollkommene Austauschbarkeit der Beteiligten. Die eigentlichen Autoren zeichnen sich dagegen dadurch aus, dass aus irgendeinem Grund bei ihnen dieser Anpassungsmechanismus nicht funktioniert. Da nun die Vernunft das ist, was mit dem schrecklichen Begriff der *Intersubjektivität* abgeglichen ist, heißt das, dass wir den Autor – den wahren Autor – vom Wahnsinn her denken müssen. Und vielleicht ist dieser Wahnsinn, der immer auch ein Größenwahnsinn sein muss, die Teilhabe an ei-

---

[57] Antichrist, Vorwort, enstanden 1888, Erstausgabe: 1894 (also 5 Jahre nach dem Nietzsches Zusammenbruch).

ner Illusion, der nämlich der Ewigkeit. Sie sagten einmal, alle Theorie sei paranoid. Die Paranoia aber nennt Freud eine Privatreligion. Das aber würde heißen, dass nur die neue Wissenschaft, der Paradigmenbruch, paranoid wäre. Oder ist Wissenschaft als Ganze paranoid, weil sie Zusammenhänge sieht und diese konstruiert und systematisiert? Denn eine weitere Eigenschaft der Paranoia ist ihre Systematik.[58] Normalwissenschaft ist Religion, also eine kollektive Paranoia – wie Freud das so schön sagt –, während eigentliche Autorenschaft zunächst eine Privatreligion ist und im besten Fall dann eine Religion stiftet. Auch die psychiatrische Psychologie kann erklären, warum außergewöhnliche Menschen wahnsinnig sind. Ein Kriterium nämlich für Wahn ist – das hat mir gerade eine Psychiaterin unlängst erzählt –, dass sich ein Mensch für eine außergewöhnliche Persönlichkeit hält. Nun würde ich behaupten, dass Sie ein Autor im vollen Sinne des Wortes sind und das heißt: immer auch mit dem Leben für das Werk bezahlen. Der Autor nämlich erscheint im Zusammenstoß mit den Institutionen, an denen er dennoch teilhat. Der Autor erscheint dort, wo er *Nein* sagt, wo er nicht das Nächstliegende tut. Ein Autor ist immer unzeitgemäß. Man erkennt ihn dort, wo sein Denkweg in Konflikt gerät. So muss jemand, der Neues denkt, immer auch mit Konsequenzen für sein Leben, seine Existenz, rechnen. Kleist zum Beispiel, der sich mit 34 am Kleinen Wannsee erschießt Hier ist das Leben dem Geist gefolgt bis in den Tod hinein. Folgt also das Werk des Normalwissenschaftlers dem Leben, folgt das Leben desjenigen, der Neues und Gefährliches denkt, bis in den Tod dem Werk und seinen Notwendigkeiten. Da Sie ein Autor im vollen Wortsinne sind, müsste Ihr Leben dem Weg Ihres Denkens gefolgt sein und nicht umgekehrt. Eine weitere Besonderheit des Autors aber ist sein Tod.

---

[58] Der Wissenschaft werden mitunter vier Merkmale zugeschrieben: Problemlösung, Reflexivität, Systematik und *distributivity*. Alle diese Merkmale würden aber auch auf Paranoia zutreffen.

Der Normalwissenschaftler stirbt ja nicht. Er lebt für immer und wechselt immer nur das Gesicht. Der Autor aber stirbt. Keine Zeile Hölderlin nach seinem Tod.

FRIEDRICH KITTLER   Da haben Sie Recht.

TILL NIKOLAUS VON HEISELER   Und wenn der Tod eine Bedeutung hat, dann hat auch das erste Gedicht eine Bedeutung.

FRIEDRICH KITTLER   Mit vielleicht acht.

TILL NIKOLAUS VON HEISELER   Und dann hat auch die Geburt eine Bedeutung. Es steht nirgendwo, wann Sie Geburtstag haben. Ist das ein Geheimnis? Oder darf man das wissen?

FRIEDRICH KITTLER   Das darf man wissen, aber es ist schon ein bisschen ein Geheimnis.

TILL NIKOLAUS VON HEISELER   Es ist schon ein bisschen ein Geheimnis ...?!

FRIEDRICH KITTLER   ER durch zwei – der Andere.

TILL NIKOLAUS VON HEISELER   Er durch zwei ... Sie sind 1943 in Rochlitz geboren ...

FRIEDRICH KITTLER   Wenn Sie den 24.12 nehmen und beide Zahlen halbieren.

TILL NIKOLAUS VON HEISELER   Okay ... 24.12. ... das ist der Geburtstag meines Vaters ...

FRIEDRICH KITTLER   Oh, ich nenne ihn immer nur den Anderen!

TILL NIKOLAUS VON HEISELER   ... der auch als Kind immer dachte, dass die Gesänge der ganzen Welt ihn besingen, dass mit dem holden Knaben im lockigen Haar nur er gemeint sein kann.

FRIEDRICH KITTLER   *Es ist ein Ros entsprungen aus einer Wurzel zart*, ja?

TILL NIKOLAUS VON HEISELER   Nicht ganz. Das ist das andere. Jedenfalls hat er gedacht, dass die ganze Welt seinen Geburtstag feiert. ... und bei Ihnen ist das halbiert ...

FRIEDRICH KITTLER   12. Juni ...

TILL NIKOLAUS VON HEISELER   1943 in Rochlitz, das ist eine sächsische Stadt zwischen Leipzig und Dresden, die damals so ungefähr 6000 Einwohner hatte.

FRIEDRICH KITTLER   ... bisschen mehr – damals.
TILL NIKOLAUS VON HEISELER   Ich habe das recherchiert
FRIEDRICH KITTLER   Ja?
TILL NIKOLAUS VON HEISELER   ... das Städtchen hatte 1939, ich glaube, 6154 Einwohner.
FRIEDRICH KITTLER   Ach!? Nur so klein ...?
TILL NIKOLAUS VON HEISELER   ... das ist relativ klein.
FRIEDRICH KITTLER   Ja, das war klein.
TILL NIKOLAUS VON HEISELER   Was ist die erste Erinnerung, die Sie in ihrem Leben haben?
FRIEDRICH KITTLER   Der Helm eines Feuerwehrmanns während eines Luftschutzalarms, aber bei diesem Helm im Wesentlichen nur die Verstärkung, dieser Hahnenkamm, den die Feuerwehrmänner manchmal auf ihrem Helm tragen. Das ist meine allererste Erinnerung. Dann kommt die zweite: Dass mein wahnsinnig kluger und manchmal auch wahnsinnig grausamer Vater mich in einer Februarnacht 1945 auf die Straße mitgenommen hat und mir einen rötlichen Schein am Himmel gezeigt hat: Dresden! Und dann kommt die dritte Erinnerung, da nimmt er mich wieder auf die Straße mit und zeigt mir einen *Sherman*-Panzer – Amis – und sagt sinngemäß – was Pynchon auch gesagt hat: Die sind viel schlechter als die *Tiger*, aber viel mehr! Und dann kamen die Russen, im Austausch gegen Westberlin, im Juli 45. Und die haben mit mir gespielt! Die waren so kinderlieb. Dann schreibt meine Mutter – das habe ich vor einem halben Jahr von meinem Bruder geschenkt bekommen, die hatte so'n kleines Kindertagebüchlein, so im Abstand von zwei, drei Monaten hat sie über mich Notizen gemacht – und dann, schreibt sie, werden wir von den Russen aus einer Zwölf-Zimmer-Dienstwohnung verscheucht und mein Vater verliert – angeblich auf ewig – den Beamtenstand. Den hat die DDR ihm dann aber wieder zugeteilt – aus Lehrermangel. Ich spiele auf dem Dorf, von dem er kam, wo auch ich groß geworden bin und wo er so notdürftig ein paar Jahre erst einmal als Gärtner überlebt hat. Meine Mutter notiert: Ich spiele mit den Dorfbuben, Sommer 46, und verkünde mit drei Jahren lauthals: »Ich bin der Russe und schieß' Euch

alle tot« – also im Spiel, im Kinderspiel, bin ich der Russe.
Und dann geht's so rasend weiter, dann lern' ich verdammt
früh meinen Namen schreiben und merk' gar nicht, was
ich falsch mache, weil niemand mich drüber aufklärt:
Spiegelschrift! – Ich schreibe in Spiegelschrift. Dann male
ich – das habe ich schon hundertmal erzählt – einen Reiter
auf seinem Kavallerie-Pferd unter Friedrich dem Großen
ab und meine Mutter kommt und vergleicht meine Kopie
mit dem Original in Kugler/Menzels *Geschichte Friedrichs
des Großen*[59], legt beides nebeneinander und zeigt mir, dass
ich alles spiegelverdreht habe: auf dem Bild reitet der Kerl
nach links, wie üblich, und ich habe ihn als Linkshänder
nach rechts gesetzt. Und dann habe ich wahnsinnig viele
Anstrengungen gemacht, die rechte Hand zu trainieren und
die Welt im Kopf umzudrehen. Also, wie wenn man so eine
Brille aufbekommt, wo man erst einmal zwei Wochen lang
oben und unten vertauscht, was man ja *de facto* so sieht;
und dann war ich aber heilfroh, dass ich das noch in der
Familie gelernt hab', rechts und links zu vertauschen, denn
in der Schule unter SED-Bedingungen musste man dann
wieder links und rechts im politischen Wortsinn vertauschen
und durfte ja nicht erzählen, was im RIAS Berlin gekommen
war, weil das ja anti-DDR-mäßig war. Dann sind wir irgendwann viel später geflohen, mir war das alles recht, denn ich
konnte wieder mal die Welt vertauschen. Also, ich glaube,
die hatten schon Recht auf diesem Podium in Osnabrück,
ich bin auf eine Weise irgendwie schizophren, und ich kann
mich wahnsinnig schlecht in reale Menschen hineindenken,
außer in die, die wirklich Gegenliebe aufbringen, aber dafür
kann ich, wie soll man sagen? … ich glaube, mir gelingt's,
Lösungen zu finden, wo andere nur Probleme aufbauschen.
Ich habe nicht viele gute germanistische Interpretationen
geschrieben, aber so ein einfacher Nachweis, dass das ganze
Madrid und Aranjuez in *Don Karlos* von Schiller natürlich
die Hohe Karlsschule bei Stuttgart ist, da waren sie in 250

---

59 Franz Kugler, Adolph von Menzel: *Geschichte Friedrichs des Großen*, 1840.

Jahren Schillerforschung nicht drauf gekommen – dabei ist das so trivial.

TILL NIKOLAUS VON HEISELER Und diese wunderbare Reduktion führt uns zur Frage nach der Freiheit. Ausgangspunkt: wie Sie ja im zweiten Akt gezeigt haben: Jedenfalls nicht das Freiheitspathos, das nichts anderes als eine neue Form der Macht ankündigt. Es gibt ja das Konzept von Hegel, das ich sehr schön finde, dass Freiheit nicht Wahlfreiheit heißt, die ja immer schon unfrei ist – denn sie kann ja nur zwischen den gegebenen Möglichkeiten wählen –, sondern die Negation dessen, was man selbst ist – als Lebewesen und als kulturelle Überlieferung, so formuliert Kojève, und der natürlichen und sozialen Umwelt, so ähnlich. Die Freiheit ist also nicht eine Entscheidung zwischen Gegebenheiten, sondern der freie Akt ist ein schöpferischer, der durch den Akt neue Gegebenheiten schafft und den Kontext verändert, in dem gewählt wird. Freiheit und Ereignis im Sinne Heideggers hängen also zusammen. Aber darauf und wie das Neue in die Welt kommt, werden wir dann im V. Akt zu sprechen kommen. Nun zurück zur Person: Die erste Liebe ... ist die noch in Rochlitz, Mittelsachsen, oder ist die schon in Lahr im Schwarzwald in Südbaden?

FRIEDRICH KITTLER Ach, es gibt so viele erste Lieben ...

TILL NIKOLAUS VON HEISELER Es gibt so viele erste Lieben – das stimmt. Ich meine, das erste Mal eine Faszination für das weibliche Geschlecht, die man bewusst erlebt, die einem nachhängt, wo das Bild noch einmal auftaucht – im Nachhinein.

FRIEDRICH KITTLER ... das haben wir doch alle mit zwölf gehabt ...

TILL NIKOLAUS VON HEISELER ... also zwei, drei Jahre vor der Übersiedlung.

FRIEDRICH KITTLER Ja, wir haben uns jetzt zweimal zu einem Klassentreffen wiedergetroffen und Mariettel war zweimal da und einer von meinen Lausbuben vom Dorf hat erzählt, dass wir schon mit zehn irgendwie auf dem Schulhof heimlich Zigaretten geraucht haben oder

wenigstens ausprobiert haben und da sagte sie: »Also du auch?« Das war *vor* meiner Gegenliebe. Ich war ja der Intellektuellen-Sohn und der Schüchterne usw. Die erste große Liebe ... ich weiß nicht ... es gibt immer, glaub' ich, in jedem Leben – und das aus bitterer Erfahrung heraus gesprochen – es gibt immer nur eine Frau, mit der man sich wechselseitig verspricht, das Leben lang zusammenzubleiben. Wenn das zerbrochen ist – und das lag nicht an mir, sondern an dieser blöden Habilitation und Amerika usw. und tausend anderen bösen Sachen –, dann ist es zerbrochen: Das war der größte Schmerz. Als ich meine Habilitation anfing, als ich *Aufschreibesysteme* anfing zu schreiben, war ich noch zu zweit, und als ich habilitiert wurde und aus Amerika zurückkam, war ich restlos allein. Und deshalb wollte ich diesen finsteren letzten Satz in den *Aufschreibesystemen*. Der letzte Satz sollte eigentlich heißen: »Und jetzt gibt es gar nichts mehr aufzuschreiben«, das sagt der Vater in *Almayer's Folly* über seine verschwundene Tochter.[60] Aber wie gesagt, dann kam eine der zahllosen anderen Lieben. Und jetzt sind zwei zurückgekehrt aus der Studentenzeit. Ich hab jetzt mit zwei Frauen geschlafen, mit denen ich beiden wahnsinnig gerne geschlafen hätte damals in der Studentenzeit. Insoweit ist Odysseus ein glücklicher Mensch, frei nach Camus' *Sisyphos*. Sisyphos ist ja vermutlich der leibliche Großvater von Odysseus gewesen.
TILL NIKOLAUS VON HEISELER   Ist Sisyphos glücklich?
FRIEDRICH KITTLER   Bei Camus, in seinem Mythos ...
TILL NIKOLAUS VON HEISELER   *Wir müssen uns Sisyphos als einen glücklichen Menschen vorstellen.* Ich habe das eher als eine Ermahnung verstanden. Also nicht Sisyphos

---

60   Eine gewisse paranoide Linie ergibt sich daraus, dass – wie sich später herausstellte – die Tochter von Kittlers Bruder Wolf Alma heißt. Der deutsche Titel *Almayers Wahn* lässt wiederum ein wichtiges Motiv des Kittler'schen Denkens anklingen. Die wörtliche Übersetzung von *Folly* freilich würde eher *Torheit* oder *Narretei* lauten (was womöglich der Leidenschaft des Theoriebauens entspricht). Durch eben diese verliert Almayer seine Tochter und schließlich sein Leben.

ist *per se* glücklich, sondern: Du musst die Sinnlosigkeit erkennen und ertragen und du darfst daraus keine Tragödie machen. Also nicht einmal das. Und so kann man auch den Satz: »Und jetzt gibt es gar nichts mehr aufzuschreiben« verstehen, die Klage ist sinnlos – und das Wozu? *eine Kinderfrage*[61] oder eben wie bei Hamlet: *The rest is silence.*

FRIEDRICH KITTLER   »Das Glück gibt es nicht und das Glück des Menschen noch viel weniger!« – Michel Foucault in seinem bösesten Interview.

TILL NIKOLAUS VON HEISELER   Was ist der glücklichste Moment Ihres Lebens gewesen?

FRIEDRICH KITTLER   Die glücklichsten Momente unseres Lebens sind alle Orgasmen und deshalb kann man so schwer darüber reden.

TILL NIKOLAUS VON HEISELER   Weil sie zum *Realen* gehören und nicht zum *Symbolischen* oder *Imaginären*?

FRIEDRICH KITTLER   Ja. Vielleicht würde Lacan jetzt zornig auf seinen Schüler, wenn ich das so sage, aber es gibt auch die weibliche *jouissance*, auch für Männer, und die ist, glaube ich, erinnerbarer – wenn der ganze Körper dabei ist. Aber das sind schwierige Dinge: so schwer, weil sie so einfache sind. Ich bin eigentlich darauf gekommen, weil Borges in der einzigen Erzählung, deren Heldin eine Frau ist – und deren Entjungferung das Thema ist –, irgendwie schreibt: im schwindelnden Augenblick des Koitus sind alle Menschen derselbe Mensch![62] Das ist sehr wahr. Wenn Sie *Ada* lesen, dann merken Sie, wie Nabokov um das Glück gerungen hat.

TILL NIKOLAUS VON HEISELER   1958 ist Ihre Familie, wie

---

61   Gottfried Benn: Nur zwei Dinge // Durch so viele Formen geschritten, / durch Ich und Wir und Du,/ doch alles blieb erlitten / durch die ewige Frage: wozu? // Das ist eine Kinderfrage. Dir wurde erst spät bewußt, / es gibt nur eines: ertrage / – ob Sinn, ob Sucht, ob Sage- / dein fernbestimmtes: Du mußt. // Ob Rosen, ob Schnee, ob Meere, / was alles erblühte, verblich, / es gibt nur zwei Dinge: die Leere / und das gezeichnete Ich. (Nur zwei Dinge, 1953)

62   »Alle Menschen sind im schwindelerregenden Augenblick des Koitus derselbe Mensch«, so Jorge Luis Borges in seiner Erzählung »Tlön, Uqbar, Orbis Tertius« (1940).

Sie es nennen, geflohen, das ist also …
FRIEDRICH KITTLER Ich war 15…
TILL NIKOLAUS VON HEISELER … drei Jahre vor dem Mauerbau – das heißt, es ist noch leichter, die Grenze zwischen den beiden deutschen Staaten zu passieren?!
FRIEDRICH KITTLER Es war nicht ganz einfach, aber wir wollen es jetzt nicht … aber warum nicht? Ich kann's gerne vertiefen. Eine ganze Familie mit vielen Koffern, das fiel den VoPos damals schon auf. Deshalb hatte mein Vater sich ein Alibi zurechtgelegt, wir kamen von der Ostsee zurück, mit viel Feriengepäck, und er hatte jahrelang schon mit der DDR-Wetterwarte in Potsdam Kontakte gehabt, da hat er sich einfach eine Einladung an die Wetterwarte verschafft, und der kürzeste Weg führte nun einmal mit der S-Bahn durch Westberlin. Wir Kinder wussten Gott sei Dank gar nichts, sondern ahnungslos oder nur unbewusst ahnend, sind wir eingestiegen. Dann stiegen meine Eltern – es war strahlender Sonntag, glaub' ich, so habe ich es jedenfalls in Erinnerung – statt in Potsdam gleich am Zoo aus und nahmen sich in die Arme, was sie selten taten, bei 30 Jahren Altersunterschied. Und mein Bruder fing an zu heulen und sagte: »Ich broch doch die Oma und die Brüder«, drei Monate später sprach er dann perfekt Südbadisch und ich sagte: »Gott sei Dank«. Doch zuerst kam dann erst einmal eine furchtbare Zeit im Berliner Flüchtlingslager.
TILL NIKOLAUS VON HEISELER Es war also nicht ganz einfach, wegzugehen und brauchte eine gewisse Planung, aber dieses Weggehen war vielleicht sogar einfacher als das Ankommen, denn in dieser Zeit, Ende der Fünfziger, Anfang der Sechziger, waren die Menschen aus dem Osten nicht so wahnsinnig gerne gesehen.
FRIEDRICH KITTLER Nee-nee, gar nicht gern gesehen. Insbesondere auf dem Dorf war das mühsam, aber meine Mutter hat sich dann derart als Volksschullehrerin bewährt und eben auch zwei Jahre lang die ganze Familie ernährt – fünf Köpfe. Am Ende ist sie gefeiert worden vom ganzen Dorf, weil sie die ersten Dorfkinderchen aufs

Gymnasium in die Stadt gebracht hat. Das war gar nicht im Sinn ihrer Vorgänger und Vorgängerinnen. Das Lustige ist: Hubert Burda hat mir jetzt vor zwei Jahren das »Du« angeboten. Dann haben wir mal einen ganzen Tag am Tegernsee zugebracht. Da haben wir unsere Werdegänge ausgetauscht und das war so verfilzt: dieselben Namen, die Frau, die mich beinahe defloriert hätte, die galt in seinem Freundeskreis in Offenburg als *Ananke*, die wussten alle, dass die sämtliche jungen Männer schnappt. Er kannte dieselben Bundestagsabgeordneten oder Europaabgeordneten, die meinem Vater geholfen hatten, das war so eine irre schöne Geschichte. Er konnte auch waaaahnsinnig präzise Mediengeschichte erzählen: »Friedrich weißte, das merkste ja schon an meinem Namen – ich kann nicht so gut Badisch wie er – *ahmt Badisch nach* mir Burdas, sin eigentlich nich' aus Offenburg, des issn tschechischer Name. Weischt, mei Opa, der war Vogelhändler und so mit singenden Kanarienvögeln in Käfichen durch ganz Süddeutschland und Böhmen unterwegs. Und weißt du: dann kam's Grammophon und dann wars aus mit der Vogelhändelei.« So klar! Da müssen Sie einen Medienhistoriker erst mal mit der Lupe suchen, bevor der so schlagkräftige Argumente gegen den Vogelkäfig und für's Grammophon hat.

TILL NIKOLAUS VON HEISELER *amüsiert* Ja ...

FRIEDRICH KITTLER Und dann ging das eben weiter, die Karriere seines Vaters, der Millionär wurde, eben als ... aber das will ich Ihnen jetzt nicht erzählen, es geht ja um mich: zur Person. In meinem Fall war es eben so: Mein Vater war der Beste in seiner Dorfschule und da hat ihn der Pfarrer herausgelockt und ihm als Drittem, neben seinen beiden eigenen Söhnen, eben den Pfarrerssöhnen, Lateinunterricht gegeben und das hat das Sächsische Königreich so erfreut, dass sie ihn auf ein Seminar für auszubildende Volkslehrer gesetzt haben. Da hat er sich das Sächsisch abgewöhnt, angeblich indem er sich kleine Messerstiche in die Hand zugefügt hat. Immer wenn er mal wieder Sächsisch gesprochen hatte, hat er sich einen

Stich versetzt. Am Ende war er *Primus Omnium*, also der Beste von der ganzen Abgangsklasse, und dem schenkte die Königlich-Sächsische Regierung damals – noch vor'm Ersten Weltkrieg – eine freie Studienstelle in Leipzig an der Landesuniversität. Da ist er promoviert worden; und wollte natürlich dann nach dem Ersten Weltkrieg unbedingt Professor werden. Das war natürlich für einen Müllerssohn,[63] dessen Vater vielleicht sogar Selbstmord begangen hatte, eigentlich undenkbar, in den frühen Zwanzigerjahren; und dann hat er wie jeder gute Despot mit Pythagoras gesagt: »Wenn ich es nicht schaffe, dann müsst es ihr beiden schaffen.« Bei meinem Bruder war es noch schwerer als bei mir – das muss ich jetzt nicht erzählen –, dem habe ich dann ein bisschen geholfen. Der ist jetzt in Santa Barbara.

TILL NIKOLAUS VON HEISELER Wie haben Sie denn da gewohnt, wenn Sie da …?

FRIEDRICH KITTLER Ach, am Anfang in einer Wohnküche, in Sachsen meinen Sie? Nach dem Rausschmiss aus der Wohnung.

TILL NIKOLAUS VON HEISELER Ja …

FRIEDRICH KITTLER Die eine von den beiden Freundinnen, mit denen ich jetzt endlich nach dreißig Jahren Wartezeit geschlafen habe, die hat's geschafft, mich in das Gymnasium reinzuschmuggeln, bis in die Zimmer, die ich wiedererkannt habe, da saß der Direktor, der jetzige, also der Nach-Nachfolger meines Vaters. Der ihn aber gut kannte und nur Gutes über ihn gehört hatte. Ich hatte immer Angst, dass er vielleicht doch … Seine Karriere verlief relativ synchron mit dem Dritten Reich in gewissen Hinsichten, und da hatte ich ein

---

63 sic! – ›Müllerssohn‹ – statt wie heute üblicher ›Müllersohn‹ – schreibt bespielsweise Annette von Droste-Holshoff (Bei uns zu Lande auf dem Lande), Wilhelm Raabe (*Der Marsch nach Hause*, *Pfisters Mühle*) und ist auch in den deutschen Übersetzungen von Stendhal (»Rot und Schwarz«) und Mark Twain zu finden. Die altertümlich-literarische Wortverwendung könnte man als Literarisierung der Familiengeschichte lesen oder aber einfach als Hinweis darauf, dass der Großvater eine Figur des 19. Jahrhunderts ist, zum dem der Zugang uns nur über die Literatur gegeben ist.

bisschen Angst und habe dann vor drei oder vier Jahren eine seiner Schülerinnen gefragt, die damals meine Grundschullehrerin war, und die hat gesagt: Ach Azzo, quatsch, der war doch kein Nazi. Der musste so tun, als sei er ein Nazi, solange sein Stellvertreter richtig dick braun war. Er hat vier Jahre lang gebraucht, um den wegzuekeln aus dem Gymnasium, und dann hat er da wieder so Stefan-George-mäßig vom *Geheimen Deutschland* geträumt. Deshalb habe ich irgendwie keine Probleme mit der Wehrmacht. Und glaube, dass mein Onkel, nach dem ich heiße, weder Juden noch Kommissare erschossen hat.

TILL NIKOLAUS VON HEISELER   Also der Name, Ihr Vorname, den Sie, 1943 geboren, von Ihren Eltern erhalten haben, ist ja Friedrich, ein sehr gebräuchlicher Name, so viele Friederiche – von Hölderlin bis Hegel über Engels, Schiller, Hebbel und nicht zu vergessen: Nietzsche. Aber Sie haben noch einen zweiten ...

FRIEDRICH KITTLER   *energisch* Friedrich Adolf heiße ich offiziell ...

TILL NIKOLAUS VON HEISELER   ... und Friedrich Adolf ist ja ...

FRIEDRICH KITTLER   Mein Vater musste extra – so hat er das erzählt – aufs Standesamt oder zum Bürgermeister und zeigen, dass er selber Adolf heißt; und dass meine Mutter beschlossen hatte, ich heiße nach ihrem Mann, als zweiter Name, und nach ihrem Bruder, mit dessen Sterben sie ja mit Recht rechnen mussten, der war 1943 Hauptmann an der Ostfront.

TILL NIKOLAUS VON HEISELER   Ihr Bruder, der 19 Monate ...

FRIEDRICH KITTLER   ... mein Bruder ist ...

TILL NIKOLAUS VON HEISELER   ... jünger! ... 19 Monate jünger ist ...

FRIEDRICH KITTLER   ...19 Monate jünger, ja ...

TILL NIKOLAUS VON HEISELER   Genau, also im Januar 1945 geboren und dieser 19 Monate jüngere Bruder heißt Wolf ... Wolf war der Name, der ...

FRIEDRICH KITTLER *lacht lauthals, hustet* Ich weiß ...
TILL NIKOLAUS VON HEISELER *lacht kurz mit* der ...
  Spitzname Adolf Hitlers
FRIEDRICH KITTLER *halb lachend, halb hustend* Ich weiß
  doch, ich weiß doch.
TILL NIKOLAUS VON HEISELER ... bei den Wagners.
FRIEDRICH KITTLER Wohl wahr: Wolfsburg, Wolfs-
  schanze – alles heißt Wolf rund um Adolf Hitler. Ich
  weiß es nicht, ich kann es nicht erklären. Aber nachdem
  jetzt rausgekommen ist, dass meine Mutter an dem
  Namen schuld ist – die war als Einzige ein richtiges
  hitlerbegeistertes Wesen in meiner ganzen großen Fami-
  lie – ... Die ist 1933 extra nach Leipzig gefahren, um
  Veilchensträuße zu verteilen – in das Auto hinein, in den
  Mercedes.
TILL NIKOLAUS VON HEISELER Adolf heißt ja auch *edeler
  Wolf*. Adal ist Althochdeutsch für *edel* oder aus *vorneh-
  mem Geschlecht* oder so und dann kommt Wolf noch
  hinzu also: *Adalwolf* und *Adawolf* – *Adewolf* – *Adeolf*
  verkürzt sich das auf *Adolf*, zum bekannten Namen des
  ›geliebten Führers‹.
FRIEDRICH KITTLER Ich weiß.
TILL NIKOLAUS VON HEISELER Sie sind, glaub' ich, irgend-
  wann mal nach Paris gefahren, mit Herrn Theweleit.
FRIEDRICH KITTLER Nach Bordeaux!
TILL NIKOLAUS VON HEISELER ... und weil er nicht so
  richtig Französisch konnte ...
FRIEDRICH KITTLER Nach Bordeaux ...
TILL NIKOLAUS VON HEISELER Ja, nach Frankreich ...
FRIEDRICH KITTLER ... nach Bordeaux ... ich sollte
  simultan übersetzen, da habe ich mich vollkommen bla-
  miert – das kann ich nicht.
TILL NIKOLAUS VON HEISELER Ich hatte eine andere Ge-
  schichte gehört, dass nämlich, als Ihr Name Französisch
  ausgesprochen wurde, und zwar in vollständiger Form ...
FRIEDRICH KITTLER Och, da lachen die vor Schreck ja ...
  das ist ...
TILL NIKOLAUS VON HEISELER Das dies ein gewisses

Grausen ausgelöst hat, weil Ihr Name ja zum Thema ja wie die Faust aufs Auge passte und der ganze Saal war natürlich gefüllt mit linken Intellektuellen, die sich etwas anhören wollten über die faschistische Literatur und den Zusammenhang von Körper und Faschismus und Begehren ...

FRIEDRICH KITTLER *sehr leise*: Ach, das ist doch ...

TILL NIKOLAUS VON HEISELER ... und Eindämmung ...

FRIEDRICH KITTLER *leise*: ... das is alles ...

TILL NIKOLAUS VON HEISELER Das muss gewesen sein, als Theweleits *Männerphantasie* herausgekommen war und er vortragen sollte in einer französischen Universität.

FRIEDRICH KITTLER Bordeaux, das war in Bordeaux.

TILL NIKOLAUS VON HEISELER Theweleit war sein Ruf schon vorausgeeilt, und es war wirklich ein voller Saal, so Raimar Zons, der mir die Geschichte erzählt hat. Und dann saßen Sie und Klaus Theweleit zusammen auf dem Podium und der französische Einführer stellte Sie beide vor: also das ist derjenige, der über die Freikorps geschrieben hat, aus denen dann später die Nazis wurden, blablabla, und einführen und übersetzen wird: Friedrich Adolf K'Hitler.

FRIEDRICH KITTLER Eine Katastrophe!

TILL NIKOLAUS VON HEISELER ... aber Sie sind ja phonetisch zumindest und zudem im Französischen, wo es ja kein gesprochnes *H* gibt, recht nah an dem Österreicher dran. ~~Im Russischen gibt es auch kein H, da wird das zu einem G, also Geiseler, statt Heiseler~~ ... Zons kann das wunderbar aussprechen: Friedrich Adolf K'Hitler in so einem Pseudofranzösisch: Da kann man sich schon vorstellen, wie das gewirkt haben mag. Der arme Theweleit.

FRIEDRICH KITTLER Das ist alles so hanebüchen anachronistisch, was der Klaus da geschrieben hat.

TILL NIKOLAUS VON HEISELER ... und da kann es phonetisch ...

FRIEDRICH KITTLER ... also diese Rommels und Jüngers und Steiners und Hausers im Zweiten Weltkrieg – das sind doch keine kaiserlichen Kadetten mehr! Der verwechselt doch ständig den Ersten und den Zweiten

Weltkrieg; und er hat wahrscheinlich eine völlig richtige Beschreibung der Freikorps gegeben, aber mit der Wehrmacht hat das überhaupt nichts zu tun!

TILL NIKOLAUS VON HEISELER Aber Sie sind ja – phonetisch zumindest – wirklich nur einen Buchstaben entfernt!

FRIEDRICH KITTLER Na, da kann ich doch nicht dafür.

TILL NIKOLAUS VON HEISELER Also 5 Bit, sind es nur, wenn man es knapp codiert, wie damals im Telex.

FRIEDRICH KITTLER Ja, das ist die Levenshtein-Distanz 1 – richtig!

TILL NIKOLAUS VON HEISELER Ersetze K durch H.

FRIEDRICH KITTLER Aber die Kittlers heißen seit dem 14. Jahrhundert »Kittler«, weil sie Kittel machen!

TILL NIKOLAUS VON HEISELER Ja, aber ...

FRIEDRICH KITTLER ... und Wagner machen Wagenräder und so[64] ...

TILL NIKOLAUS VON HEISELER *lacht* ... und andere Dinge ...

FRIEDRICH KITTLER Mein Schwiegervater, von der verlorenen Frau her, der war in Buchenwald Lagerarzt und *redet Unverständliches*,[65] der hat sich freiwillig aus der allgemeinen SS, d.h. aus Buchenwald, herausgemeldet an die Ostfront zur Waffen-SS und seine Eltern ... Stiefeltern ... Adoptiveltern haben gesagt: »Spinnst du denn?! Wie kann man denn freiwillig sterben wollen?« – »Weil ich raus will«. Und danach verhaften sie den in der Bundesrepublik, also ich begreife manchmal die Welt nicht

---

64 Wagner ist nicht nur der Name des glühenden Antisemiten und Komponisten Richard Wagner (bei dessen *Ring des Nibelungen* in Bayreuth 1979 Kittler Foucault von weitem gesehen hat), sondern auch der Mädchenname der »Entlaufenen«, also Kittlers erster Frau.

65 ... Die einigermaßen verständlichen Satzbrocken [The-KittlerTapes-04, 36'22]; ... in seiner eigenen Hölle ... Gefängnis ... Selbstmord ... weiß schon, was ich tat ... wollte ja helfen auch ...

mehr, diese ~~66~~, ~~diese Tragödien...~~⁶⁷ ~~...~~

TILL NIKOLAUS VON HEISELER   In den Sechzigerjahren war ja der SDS – der *Sozialistische Deutsche Studentenbund* – ein Ort der Diskussion. Viele der sogenannten postmodernen Autoren kommen ursprünglich aus einem linken, teilweise sogar linksextremen, Zusammenhang, *Socialisme ou barbarie* usw. Was ist denn Ihre Position in dieser Zeit gewesen? War Woodstock, 68, wichtiger, als, sagen wir mal ..., der Mord an Ohnesorg 67 und die Geburtsstunde der APO?

FRIEDRICH KITTLER   Ich glaube, Neil Young hat doch gerade in dem schönen *Spiegel*-Interview gesagt: »Woodstock war nicht der Anfang, sondern das Ende«. Der Aufkauf der Hippies durch die Medien und die Administration. Der Anfang war *The Piper at the Gates of Dawn* – *Pink Floyd*. Das erste Stück. Syd Barrett ist ja gestorben vor ein paar Jahren und der Pianist, der sehr schöne Sachen gemacht hat, ist auch tot. Mit der verlorenen Frau hatte ich als Freilichtkonzert *Dark Side of the Moon* ein Jahr noch vor dem Plattenrelease gehört – eine kürzere Version, das, was davon im August '72 schon fertig war, unter einem fast türkischen Halbmond, bei strahlendem Nachthimmel. Ich hab' das Pink-Floyd-T-Shirt gerade wiedergefunden. Jetzt bin ich sehr befreundet mit jemandem, der für ein, zwei Platten Roger Waters ersetzt hat, den ausgeschiedenen Pink-Floyd-Chef. Dieser englische Freund, der muss jetzt genannt werden: Anthony Moore, hatte mich eingeladen. Dave Gilmour, der Leadgitarrist,

---

66 ~~Tania Hron: Ich bin mir nicht sicher, ob es stimmt, dass der sich an die Front freiwillig meldete, noch was den Selbstmord angeht. Da es hier um den Vater von Kittlers erster Frau geht, würde ich das gerne streichen. Komplett!~~
67 ~~Noch bevor ist Tania Hron folgend, die gesamte Passage strich, hatte ich diesen hier etwas ungeschickt gewählten Begriff »Tragödie« gestrichen. Gemeint ist wohl der Selbstmord des Mannes, der später – *quam cadaver* – sein Schwiegervater werden wird. Dieser fand 1959 in der Untersuchungshaft in Oberkirch statt. Er war 1958 in Lahr/Schwarzwald in der Praxis seiner Frau, in der er, vermutlich unter falschem Namen, praktizierte, festgenommen worden, in dem Jahr als Friedrich Kittler mit seinen Eltern 15-jährig in eben diese Stadt kommt.~~

der war nicht zu Hause, und deshalb durften wir sein Gartenhaus benutzen. Wir wurden da von seinen Technikern empfangen und dann durften wir auch das Flussboot besuchen, 1911 gebaut und später von Gilmour gekauft. Auf dem Flussboot war die große Kabine zum Studio umgebaut und nun saß ich da auf einem Ledersessel in der Mitte eines 72 Kanal-Mischpultes, Anthony saß neben mir und die anderen jungen Leute hinter uns, und dann hatten sie eine neue Dolby-5.1-Version von *Dark Side of the Moon,* vor zwei, drei Jahren neugemischt, *remixed.* Die haben sie aufgelegt und laufen lassen. Ich hatte so leichte Tränen in den Augen, solange Roger da seine männliche Melancholie verewigt hat. Dann kam der Pianist mit einer schwarzen Scat-Sängerin herein – der ist gerade gestorben, der Pianist von Pink Floyd – *The Great Gig in the Sky* – Das große Konzert am Himmel. *laut schluchzend* Da wurde das Ganze ganz unerträglich, und ich habe *noch lauter schluchzend* von Kopf bis Fuß nur noch gezuckt wie jetzt vor Schmerz und Glück und Alles; und das reicht!

Stille.

FRIEDRICH KITTLER Ich hab in diesem Londoner Vortrag versucht – mit einem ganz unmöglichen Titel, der nicht von mir stammt –, das so ein bisschen zu erklären: *die Wiederkehr der Götter.*[68] Bei Sappho gibt's Gedichte, die einfach den heiligen Hain rund um den Aphrodite-Altar besingen, an dem sie mit ihren Mädchen tanzt und vielleicht sogar auch Liebe macht, ja? Und dann hört man die Vögel zwitschern und den Bach fließen – alles im Gedicht. Dann kommen 2000 Jahre furchtbares Christentum: nur noch ein Gott in dreifacher Gestalt, sodass die Musik nicht mehr die vier Elemente besingen kann. Da müssen erst Hector Berlioz und Richard Wagner die

---

68 *Preparing the Arrival of the Gods,* deutsch: Das Nahen der Götter vorbereiten, Paderborn 2012. Der Vortrag wurde am 27. Juni 2008 in der Tate Modern, London, vorgetragen.

Klangfarbenmusik erfinden, damit dann im *Ring des Nibelungen* und vor allem der *Götterdämmerung* alle vier Elemente in Göttern inkarnieren. Also, wenn Sie das Finale hören, dann kämpfen Wasser – der Rhein –, das Feuer (Loki) und der Sturm (Wotan) miteinander um die Herrschaft. Und am Ende siegen die Rheintöchter, d. h. die Sirenen. Wagner irrt sich und nimmt an, es seien drei, aber okay: Wagner ist ein hässlicher kleiner Zwerg mit sächsischer Mundart und kann deshalb nicht selber als siegreicher Siegfried auf die Bühne. Es braucht dann Tonbandgeräte und Vierkanal-Aufnahmestudios, und dann kann Pink-Floyd hingehen und einfach Sappho wiederbringen: *Grantchester Meadows!* Der Song ist ganz einfach: Zu einer akustischen Gitarre singt der von einem Bach, also vom Cam in Cambridge, und vom Eisvogel, und wie der Fluss rauscht und wie er ins Meer fließen wird und *bringing sounds of yesterday into this city room*, so heißt der Song, nicht? Ich hab's laufen lassen, dann kam eine ältere Dame und sagte: »Mein Gott, jetzt habe ich *Grantchester Meadows* dreißig Jahre nicht mehr gehört, what a pitty! Ich dank' Ihnen, dass Sie's gespielt haben.« Ich erzähle noch so eine Geschichte von Jim Morrison, der plötzlich anfängt zu schreien statt zu singen – zum Entsetzen seiner Musiker – und sagt: »Stupid fuckin' people, ihr seid Sklaven, ihr merkt's nicht mal, ihr denkt vielleicht, ich will euch *revolution* oder *demonstration* predigen, also Demo oder Revolution, ihr spinnt ja! Ich singe euch Liebe!« Ich hab's leider nur deutsch da: »Girls, liebt euren boyfriend bis zum Wehtun und umgekehrt.« Dann springt er in den Saal, wo die schon tanzen, und sagt: »Zieht euch aus« – das machen die; am nächsten Morgen muss ein Haufen von Kleidern und Unterwäsche von zwei Metern Höhe weggetragen werden. Und daraufhin beschließt der Bürgermeister zusammen mit dem Bischof von Miami, *ihn* des Exhibitionismus anzuklagen und die Tatsache völlig zu übersehen, dass manche Leute nackt oder in Unterwäsche zu ihren Eltern nach Hause gekommen sind in der Nacht;

Morrison wird wegen Exhibitionismus und Masturbation auf offener Bühne angeklagt[69] und so verwandelt das postchristliche Amerika eine revolutionäre Epidemie, die geplant war – eine erotische, sexuelle Ansteckung wie in der *Geburt der Tragödie* – in einen individualisierten, vorzeigbaren Akt: Die Geschworenen verurteilen ihn zu sechs Monaten Haft, der Richter begnadigt auf 5000 Dollar Strafzahlung. So lügen die amerikanischen Puritaner über die Wahrheit der Popmusik hinweg. Der ganz finale Schluss dieses Vortrags war: Aber niemand kann den Mädchen, d. h. den Nymphen, verbieten, ins Hotelzimmer zu Hendrix oder zu Morrison hochzukommen – und das passiert pro Nacht irgendwie fünfmal. Das ist die Gestalt, in der Dionysos oder Apollon bei uns sind, und jedes Groupie ist eine Nymphe – Punkt.

TILL NIKOLAUS VON HEISELER   Sehen Sie, die Kamera! Sie durchläuft eine Metamorphose! Sie bekommt ein Gesicht mit runden Mädchenaugen. Und sehen Sie, wie die Kamera zerfließt: Haare sprießen und siehe da: nun ist sie das 20-, 22-jährige Mädchen – ihr Name ist Parthenope –

FRIEDRICH KITTLER   Parthenope, ja?

TILL NIKOLAUS VON HEISELER   von dem Sie sich jetzt verabschieden können, in 20 Jahren ... in 20 Jahren ... welches Jahr haben wir dann, in 20 Jahren, das ist dann ...

FRIEDRICH KITTLER   2031!

TILL NIKOLAUS VON HEISELER   2031 ...

FRIEDRICH KITTLER   Da soll ich aber angeblich noch leben, ich darf ja diese 90° Grad Hüftbeugung nicht überziehen, damit in 20 Jahren das Ding noch hält. Die haben ja wahnsinnige Erwartungshorizonte an meine Langlebigkeit.

Stille.

---

[69] Die Anklage lautete: »Obszönes und laszives Verhalten, unsittliche Entblößung in der Öffentlichkeit, sowie Trunkenheit in der Öffentlichkeit«.

FRIEDRICH KITTLER Junges Mädchen, ich habe eine Frage, eine ganz einfache: Meine andere Freundin, die jetzt wiedergekommen ist, die erzählt, dass ihre Schülerinnen schon mit dreizehn, vierzehn entjungfert werden und gar nicht diese 10 Jahre Wartezeit, diese Latenzzeit zwischen Reife und erster Liebesnacht haben, die für unser Werden, unsere Bildung so wichtig waren. Wir haben diese 10 Jahre lang, wo wir auf das erste Glück mit einer Frau warten mussten, gearbeitet wie die Bestien und eigentlich alles grundgelegt, was wir dann im Lebenswerk ausformuliert haben. Und wie ist das jetzt bei euch und bei dir, Parthenope, die ihr diese ganze Zeit auf den Abstand eines Jahres oder zweier Jahre verkürzt habt? Ist das schöner? Erfahrt ihr mehr? Wisst ihr mehr? Erfahrt ihr mehr, wisst ihr weniger? Ihr sollt zugleich erfahren und wissen. Das ist nämlich das Versprechen, das die Sirenen dem Odysseus gegeben haben. »Wenn du landest, dann wirst du mehr Lust erfahren und mehr wissen.«

Stille.

FRIEDRICH KITTLER Und nun, nun werde ich erlöst von meinen odysseeischen Fesseln …

TILL NIKOLAUS VON HEISELER Gut, dann machen wir jetzt Schluss, übrigens auf Ihre Verantwortung, denn dann fällt der letzte Akt, der ja Zukunft heißt, aus. Cut!

midnight

Am 18. Oktober, einem verregneten Dienstag, ergiebige Regenschauer, 5 Grad Celsius, bekomme ich um 08:27:45 die Nachricht: »Er ist gestorben, lieber till. heute abend treffen wir uns um 8 in treptow in seiner wohnung. er wird jetzt in der pathologie aufgebahrt, falls du kommen magst.«

Glossar

Universales Medium

Das universale Medium ist der Computer. Vom Computer als Medium zu sprechen, ist zu Kittlers Studienzeiten alles andere als selbstverständlich. In Mathematiker- und Informatikerkreisen ist zwar das Konzept der *universellen* Turingmaschine bekannt, und der Logiker und Philosoph Gotthard Günther bedenkt die transklassische Maschine. Als ein Medium, und ein universales zumal, wird der Computer erst mit der Einführung der PCs theoretisiert.

Vor dem Ende geht etwas zu Ende. In der allgemeinen Digitalisierung von Nachrichten und Kanälen verschwinden die Unterschiede zwischen einzelnen Medien. Nur noch als Oberflächeneffekt, wie er unterm schönen Namen Interface bei Konsumenten ankommt, gibt es Ton und Bild, Stimme und Text. Blendwerk werden die Sinne und der Sinn. Ihr Glamour, wie Medien ihn erzeugt haben, überdauert für eine Zwischenzeit als Abfallprodukt strategischer Programme. In den Computern selber dagegen ist alles Zahl: bild-, ton- und wortlose Quantität. Und wenn die Verkabelung bislang getrennte Datenflüsse alle auf eine digital standardisierte Zahlenfolge bringt, kann jedes Medium in jedes andere übergehen. Mit Zahlen ist nichts unmöglich. Modulation, Transformation, Synchronisation; Verzögerung, Speicherung, Umtastung; Scrambling, Scanning, Mapping – ein totaler Medienverbund auf Digitalbasis wird dem Begriff Medium selber kassieren. Statt Techniken an Leute anzuschließen, läuft das absolute Wissen als Endlosschleife. (FK, *Grammophon Film Typewriter*, Berlin 1986, 7 f.)

Diskurse

Der Begriff des Diskurses ist einer der Zentralbegriffe der (post-)strukturalistischen Theoriebildung, die in den 60er und 70er Jahren von Paris aus den jungen Literatur- und Philosophiestudenten Kittler prägen. Dieses Konzept eines Diskurses ist verbunden mit dem Philosophen Michel Foucault, dessen Antrittsvorlesung am *Collège de France* mit *L'ordre du discours*, *Die Ordnung des Diskurses*, betitelt war. Darin werden die (Macht-)Mechanismen beschrieben, die bei der Produktion von Aussagen am Werk sind. Ab den späten 70er Jahren ist Kittler einer der ersten und im Laufe seiner Wissenschaftlerkarriere einer der wirkmächtigsten deutschsprachigen Rezipienten und Fortentwickler dieses Denkens.

Diskursanalyse dagegen heißt, »den Menschen« Menschen sein lassen. Ob ich vergesse oder behalte, vergesse ich alle Tage. Aber das ist auch nicht die Frage. Die Frage ist, wo und wie die Gedächtnisse funktionieren, die die Philosophie »dem Menschen« zuschrieb. Wenn nach Foucault alle »Benennungen, die der philosophische Diskurs erfand, um Erkenntniskomplexe subjektiv zu bedeuten«, nur eine »Ausgrenzungsabsicht« haben und sind, umschreibt auch die Selbstzuschreibung von Gedächtnis sehr einfache und unspekulative Praktiken der Macht. Nietzsche, solange er Philosophie trieb, überging die »aktive Vergeßlichkeit«, die wir sind, um sie ausgrenzend und ausgegrenzt einzusetzen: als Attribut des Anderen. Erst in den letzten Jahren, zum Archäologen von Macht- und Diskursnetzen verwandelt, konnte Nietzsche unsere »leibhafte Vergeßlichkeit« und damit auch die Techniken beschreiben, die ihr [sic!] steuern. Immer hat das philosophische Staunen vor seinen eigenen Rahmenbedingungen haltgemacht: vor den Fragetechniken, Büchern, Institutionen, die auch die Philosophie *sind*. (FK, *Vergessen*, in: Ulrich Nassen (Hg.), *Texthermeneutik: Aktualität, Geschichte, Kritik*, Paderborn u.a. 1979, 195-221, hier: 197.)

Psychoanalyse

Sigmund Freuds Provokation, dass das Ich nicht mehr Herr sei im eignen Haus, sondern menschliches Handeln unbewusst und triebhaft bestimmt ist, ist eine der (paradox gesagt) begründenden Verunsicherungen der Moderne des 20. Jahrhunderts. Die Psychoanalyse kennt ein Modell der psychischen Struktur, demzufolge sprachliche Figuren, Buchstabenverschiebungen und weitere signifikative Fehlleistungen Rückschlüsse auf den psychischen Apparat zulassen. Der französische Psychiater und Psychoanalytiker Jacques Lacan aktualisiert die Freud'sche Theoriebildung unter strukturlinguistischen und kybernetischen Gesichtspunkten. Damit einher geht eine Neubewertung des erkennenden und gestaltenden Subjekts, das ein Kernkonzept moderner Gesellschaft und Staatenbildung war und ist.

Ein Medium, das aus Mondflecken Steine macht oder gar aus Blumen Mädchen [angesprochen sind hier Überblendungen im Film], erlaubt keine Psychologie mehr. In derselben maschinellen Perfektion kann aus Blumen auch ein sogenanntes Ich entstehen. Genau das behauptet die Lehre Lacans, die gerade als Antipsychologie auf dem Stand der Dinge ist. Das Symbolische von Buchstaben und Zahlen, vormals als höchste Schöpfung der Autoren oder Genies gefeiert –: eine Welt der Rechenmaschinen.

Das Reale in seinen Zufallsserien, vormals Gegenstand philosophischer Behauptungen oder gar ›Erkenntnisse‹ – ein Unmögliches, dem nur Signalprozessoren (und Psychoanalytiker von morgen) beikommen. Das Imaginäre schließlich, vormals Traum aus und von Seelentiefen – ein schlichter optischer Trick.

In der *Traumdeutung* folgte Freud der positivistischen »Aufforderung, daß wir uns das Instrument, welches den Seelenleistungen dient, vorstellen wie etwa ein zusammengesetztes Mikroskop, einen photographischen Apparat und dgl.« Lacans Lehre vom Imaginären ist der Versuch, solche Modelle wahrhaft zu »materialisieren«. Woraufhin Kino, das Verdrängte von Freuds Salpêtrière-Jahr, wieder in die Psychoanalyse einzieht. Lacans optische Apparate haben eine Komplexität, die nur Filmtrick sein kann. Schritt um Schritt gehen sie hinaus über den einfachen Spiegel und jene (V)Erkennung, die beim Menschenjungen ein erstes, aber trüberisches Bild senso-motorischer Ganzheit induziert.

Gegeben sei – nach Brouasses *Photogrammetrie* von 1934 – ein konkaver Spiegel, der zunächst das reelle Bild einer versteckten Vase in denselben Raum projiziert, wo zwischen x und y ihre wirklichen Blumen auf sie warten. Werden die optischen Strahlen aus dem Paraboloid aber noch durch einen Planspiegel abgefangen, der senkrecht zum Auge steht, dann erscheint die wundersam mit Blumen gefüllte Vase dem Subjekt S neben seinem eigenen und nur virtuellen Spiegelbild SV. »Genau das geschieht beim Menschen«, der erstens »die Gesamtheit der Realität in einer bestimmten Zahl präformierter Rahmen organisiert« und zweitens aus der Identifikation mit virtuellen Doppelgängern lebt. Der Narzißmus ist nachgebaut. (FK, *Grammophon Film Typewriter*, Berlin 1986, 248 f.)

Autor

In der Literaturtheorie der 60er Jahre wird die Frage nach der Bedeutung des Autors neu gestellt. Roland Barthes (*Der Tod des Autors*, 1967) postuliert: Nicht die Autorintention garantiere das Sinngefüge eines Textes, sondern dieser führe vielmehr ein Eigenleben. Der Schreiber entstehe mit seinem Text, und andere Texte sind die Entstehungsbedingunen für neue Texte und Schreiber. Bei Michel Foucault erfüllt der Autor eine Funktion, die qua Autorität die Bedeutung eines Textes legitimiert, die Bürgschaft übernimmt (*Was ist ein Autor?*, 1969). Im Gegensatz zu Barthes' Analyse, in der der Schreiber vom Text abhängt, hat der Autor eine Stelle in der Bedeutungsstruktur des Textes. Der Autorname ist eine Rezeptionsprojektion. Kittlers Haltung zur Infragestellung der Autorinstanz war ambivalent. Auf theoretischer Ebene deutet er den Autoren streng informationsmaterialistisch als Element im Kommunikationsprozess. In der Alltagssprache und in der öffentlichen Vorlesung aber wurde Autoren durchaus eine nennenswerte biographische sinngebende Verknüpfung zu ihrem Werk zugesprochen.

Der zum lauten Leser und mithin zum Atem geworden ist, erfährt auch schriftliche Zeichen nur mehr als den Hauch eines Mundes. Wo die Gelehrtenrepublik bloß Äußerlichkeiten kannte, taucht eine virtuelle und supplementäre Sinnlichkeit auf. Folgerecht setzt Faust das Zeichen eines Zeichens nicht mehr (wie beim Makrokosmos) in die Repräsentation eines abwesenden Autors, sondern in seine aktuelle Wirkung auf ihn, den Leser.
    Wie anders wirkt dies Zeichen auf mich ein!
    Du, Geist der Erde, bist mir näher;
    Schon fühl ich meine Kraft höher,
    Schon glüh ich wie von neuem Wein. [...]
    Ich fühl's, du schwebst um mich, erflehter Geist.
Die Rede ist nicht mehr von der göttlichen Kraft des Autors, Zeichen zu erschaffen, sondern von der magischen Kraft der Zeichen, beim Leser sinnliche und rauschhafte Kräfte freizusetzen, wenn die Zeichen nur in der Flüssigkeit ihres Bezeichneten – eine Stimme – aufgegangen sind. Die Kette dieser Kräfte endet und gipfelt in einem Konsum: Der Leser Faust, dessen Mund mündlich gewordene Zeichen trinken kann wie neuen Wein, ersetzt den produktiven Autor Nostradamus. So geht sein Wunsch in Erfüllung, nicht mehr bloß Schauspiele zu erfahren, sondern lesend an »Brüsten« oder »Quellen allen Lebens« zu saugen – elementare und frühkindliche Form der Konsumtion. (FK, *Aufschreibesysteme* 1800/1900, 4. vollst. üb. Neuauflage, München 2003 (1985), 13 f.)

Autorschaft im Aufschreibesystem von 1800 ist keine dem Schreibakt simultane Funktion, sondern ein nachträglicher Effekt von Relektüre. (FK, *Aufschreibesysteme* 1800/1900, 4. vollst. üb. Neuauflage, München 2003 (1985), 138.)

Die Austreibung des Geistes aus den Geisteswissenschaften

Die Austreibung des Geistes aus den Geisteswissenschaften ist der programmatische Titel einer Freiburger Vortragsreihe von 1978/79. Sie und der zugehörige Sammelband von 1980 sind gegen die Rekonstruktion einer Autorintention und damit im Sinne der poststrukturalen Theoriebildung gegen ein hermeneutisches Textauslegen gewandt. Der Geist, den es auszutreiben gilt, ist der eine Sinn, und mithin die Auslegungspraxis der

Geschichte, des Geistes, des Menschen. Und in philosophischen Megasignifikanten formuliert: die Überwindung von Geschichte im Kollektivsingular durch Geschichten und von Metaphysik durch eine Wiedereinsetzung der Vielheit und der Sinnlichkeit.

Es war die Bildungsreform der Jahre 1770 bis 1800 in ihrer Gewalt und Vergessenheit, die die großen bunten Wolken über dem Abendland, jüdische, griechische, römische, in Luft auflöste. Zahllose Geistergeschichten sind damals verstummt. An die Stelle der vielen Geschichten ist Die Geschichte in der Einzahl getreten, jener »Kollektivsingular«, der fortan »die Bedingung der Möglichkeit aller Einzelgeschichten in sich enthält. An die Stelle der Geister, wie sie den Geistersehern und Träumen erschien, ist Der Geist in der Einzahl getreten, dem fortan alle Felder und alle Wege des Wissens anbefohlen sind. Friedrich Schlegel, als er auch den Indern eine Philosophie erfand, brauchte an den zwei Einzahlen nur noch eine letzte Mehrheit, ihre eigene, zu tilgen – und die Geistesgeschichte in einem Wort schrieb sich hin. (FK, *Die Austreibung des Geistes aus den Geisteswissenschaften. Programme des Poststrukturalismus*, Paderborn u.a. 1980, 8)

Aufschreibesysteme

Unter dem Titel *Aufschreibesysteme 1800/1900* reichte Friedrich Kittler 1983 seine Habilitationsschrift am Deutschen Seminar der Albert-Ludwigs-Universität Freiburg ein. In der Habilitationskommission entbrannte daraufhin ein Methodenstreit, ob diese Arbeit noch literaturwissenschaftlich zu nennen sei. Legendäre dreizehn Gutachten befassten sich in elf Texten mit dem Entwurf des Kandidaten Kittler. Nach zweijährigem Verfahren wurde die Arbeit angenommen und Kittler die *venia legendi* erteilt. *Aufschreibesysteme* hat schulbildend gewirkt. Wenn im Ausland die Rede von *German Media Theory* ist, bezieht sie sich auf den *Impact* von *Aufschreibesysteme* und dem darauf folgenden *Grammophon Film Typewriter*.

Das Wort Aufschreibesysteme steht (übrigens schon als Zitat aus einer anderen Sprache) in Schrebers *Denkwürdigkeiten* und vertritt dort die Frage, was wo in wessen Namen und an welche Adressen zu Papier kommt. Es scheint ein gutes Wort, um Literaturgeschichte auf einer elementaren Ebene zu treiben – als Geschichte der Praktiken, deren Zusammenspiel eine Schriftkultur ausmacht. Thema sind also einfach Sprechen und Hören, Schreiben und Lesen. […]

In Frage stehen also Texte auf der Ebene ihrer puren Existenz, nicht erst in dem, was sie besagen oder darstellen, widerspiegeln oder kritisieren.

Dergleichen Gehalte mögen in der Perspektive von Lesern wohl allen Vorrang genießen. Eine wissenschaftliche Textanalyse, weil für sie auch Lesen ein Forschungsthema und keine Selbstverständlichkeit darstellt, tut aber gut daran, die materielle Basis Information im Blick zu behalten. Nüchtern besehen, sind Bücher Mengen gedruckter Wörter. Und unter Bedingungen einer Gegenwart, die ganz andere Datenverarbeitungstechniken als Bücher kennt, lautet die dringliche Frage, was Wörter leisten und was sie nicht leisten, nach welchen Regeln sie aufgeschrieben und gespeichert werden, nach welchen Regeln gelesen und ausgelegt. Ziel ist der Entwurf eines Organisationsplans für den Nachrichtenfluß, den wir Literatur nennen, die Angabe der einzelnen Instanzen und Positionen, die nach Shannons Schema Quelle/Sender/Kanal/Empfänger zusammengeschaltet sind: Wer firmiert als die Quelle, die von Texten zur Sprache gebracht wird, wer als Textverwalter oder -interpret, der sie selber zur Sprache bringt? Wer darf an den Platz eines Schreibers treten und wer an den der Leserschaft? Nicht weniger und nicht mehr soll der Titel Aufschreibesysteme besagen. (FK, *Aufschreibesysteme 1800/1900. Vorwort*, in: *zfm. Zeitschrift für Medienwissenschaft 6, 1/2012*, Gesellschaft für Medienwissenschaft (Hg.), Zürich 2012, 117-126, hier: 117.)

Medien

Medien waren für Friedrich Kittler nicht nur Gegenstand der Theorie, sondern der Praxis. Kittler wuchs in einer Lehrerfamilie auf, in der ihm der preußisch-bildungsbürgerliche Gelehrtenkanon früh vermittelt wurde. Zudem begeisterte er sich als Kind und Teenager für die technischen Medien seiner Zeit. Er nutzte die Schreibmaschine seiner Mutter für seine Hausaufgaben und die Schülerzeitung, leistete sich als Teenager ein damals sündhaft teures Grundig Vierspurtonbandgerät und drehte schon früh Super-8 Filme. Mit Mitte dreißig lernte er Schaltungen löten und Platinen ätzen, dann kamen Transistor-Transistor-Logik, Assemblerprogramme für Mikroprozessoren. Mit Mitte vierzig lernte er auf seinen ersten PCs erst DOS, dann GNU/Linux und später Grafikprogramme in C. So technisch aufgerüstet, überführte er die (post)strukturalistischen Signifikantentheorien in eine informationsmaterialistische Medientheorie.

The lunatic is in my head ... Zu deutsch: der Hirnschaden ist angerichtet und ein Azimut Coordinator am Werk. Wenn Klänge, schrankenlos steuerbare Klänge von vorn und hinten, rechts und links, oben und unten auftauchen können, geht der Raum alltäglichen Zurechtfindens in die Luft. Die Explosion der akustischen Medien schlägt um in eine Implosion, die unmittelbar und abstandslos ins Wahrnehmungszentrum selber stürzt.

Der Kopf, nicht bloß als metaphorischer Sitz des sogenannten Denkens, sondern als faktische Nervenschaltstelle, wird eins mit dem, was an Informationen ankommt und nicht bloß eine sogenannte Objektivität, sondern Sound ist. Durchs Ende von *Brain Damage* ziehen wie Schlieren die Klänge eines Synthesizers, vermutlich um den Satz zu beweisen, daß Synthesizer (und das heißt in allen Parametern: Frequenz, Phasenlage und Amplitude steuerbare Tongeneratoren) die synthetischen Urteile der Philosophen längst abgelöst haben.
(FK, England 1975. Pink Floyd, in: Klaus Lindemann (Hg.), Europalyrik 1775 – heute. Gedichte und Interpretationen, Paderborn u.a. 1982, 467-477, hier: 472.)

Seinsgeschichte

Das Denken Martin Heideggers lässt sich einteilen in eine frühe Phase, die der Philosoph selbst mit Fundamentalontologie bezeichnet hat und in eine späte Phase, die er Seinsgeschichte nannte. Nicht nur Friedrich Kittler war begeistert von dem bedeutenden Denker, dessen Schatten er auf den Fluren der Freiburger Albert-Ludwigs-Universität noch erahnen durfte, zu dessen Seminaren er aber zu seinem großen Bedauern nicht zugelassen wurde. Auch ein anderes Idol des jungen Kittler, nämlich Michel Foucault, war ein intensiver Heideggerleser. Heideggers Seinsgeschichte ist der Versuch aufzuzeigen, wie in der Neuzeit Dinge zu Objekten wurden und was die Bedingungen sind für die Selbstverständlichkeit, in der sie uns begegnen; was jeder Wirklichkeitserfahrung vorausgeht. Foucaults Genealogie und seine Archäologe des Wissens wollen für die Zeit von 1650 bis 1900 in drei Schichten aufzeigen, welche versteckten Machtausübungen, historischen Aprioris und Körpertechniken konstitutiv für das neuzeitliche Subjekt sind. Kittler ist inspiriert von beiden. Seine historische Strukturanalyse von Medienverbünden fasst beide Seinsgeschichten, die Heideggers wie die Foucaults, radikal materialiter.

Der späte Heidegger [...] läßt auch noch seine ehemalige Annahme fallen, technische Medien wie das Radio würden das, was sie senden, immer noch als cartesianischen Gegenstand einer cartesianischen Vorstellung zustellen. Laut Heidegger ist diese Annahme nicht einmal falsch, aber nur, solange es bloß um seinsgeschichtliche Verortungen Goethes oder Hegels geht. Sie fällt jedoch dahin, sobald Menschen und Maschinen –

frei nach Ernst Kapp – als ganze Systeme fungieren, die im Unterschied
zur Literatur gar nicht mehr in Vorstellbarkeiten terminieren. Also hier
und heute. Medien und Maschinen nehmen endlose Umformungen
von Energien beziehungsweise Informationen wahr, ohne daß das
Umformen jemals, wie noch in der Zeit von Descartes und Vermeer, in
der Gegenständlichkeit eines Gegenstands zur Ruhe käme. Die »Herausforderung«, als die die Technik die Leute angeht, »geschieht« vielmehr
»dadurch, daß die in der Natur verborgenen Energie aufgeschlossen, das
Erschlossene umgeformt, das Umgeformte gespeichert, das Gespeicherte
wieder verteilt und das Verteilte erneut umgeformt wird. Erschließen,
umformen, speichern, verteilen, umschalten sind Weisen des Entbergens.«
Das Zauberwort Entbergen, das Heidegger dem griechischen Wort
alétheia für Wahrheit oder genauer Unverborgenheit nachgebildet hat,
beschreibt dabei geschichtlich einmalige Weisen, wie das Gesamt dessen,
was ist, sich dem Handeln und Denken gibt. Wenn also die Technik kein
»Instrument«, sondern »eine Weise des Entbergens« ist, besteht von
vornherein keine Möglichkeit, sie zunächst wie üblich auf »ein Tun des
Menschen« zu reduzieren und daraufhin im atombomenträchtigen Notfall,
wie Heidegger spottet, »›geistig in die Hand bekommen‹« zu wollen.
Ganz im Gegenteil zeigt »die umlaufende Rede vom Menschenmaterial,
vom Krankenmaterial einer Klinik«, daß Natur und Mensch derselben
geschichtlichen Technik gehören.
(FK, *Kulturgeschichte der Kulturwissenschaft*, 2., verbesserte Aufl.,
München 2001 (2000), 238 f.)

Grammophon, Film und Typewriter

Grammophon Film Typewriter ist das Nachfolgebuch zu
Aufschreibesysteme, 1986 erschienen, und überführt die
Medienverbundanalyse des Aufschreibesystems 1900 in eine Lacanianisch inspirierte Perspektive. Die Strukturbestimmung nicht
mehr nur des Autoren, sondern des erkennenden, handelnden,
fühlenden Subjekts wird dem herrschenden Aufschreibesystem
zugeschrieben. Zwar wird auch das Material des zweiten Teils
von *Aufschreibesysteme* in GFT erweitert, v.a. aber wird der
Medienverbund in einem borromäischen Knoten verbunden,
in dem das Grammophon das Reale (oder Reelle), der Film das
Imaginäre und der Typewriter das Symbolische eingravieren
bzw. codieren.

Lacans »methodische Distinktion« zwischem Realem, Imaginärem und
Symbolischem ist die Theorie (oder auch nur ein historischer Effekt) dieser
Ausdifferenzierung. Das Symbolische umfaßt fortan die Sprachzeichen in
ihrer Materialität und Technizität. Sie bilden, heißt das, als Buchstaben

und Ziffern eine endliche Menge, ohne daß die philosophisch erträumte Unendlichkeit von Bedeutung irgend in Anschlag käme. Was zählt, sind nur die Differenzen oder (um es in Schreibmaschinensprache zu sagen) die Spatien zwischen den Elementen eines Systems. Schon deshalb heißt bei Lacan »die symbolische Welt eine Welt der Maschine.«

Das Imaginäre dagegen entsteht als Spiegelphantom eines Körpers, der motorisch vollkommener scheint als der eigene des Kleinkindes. Denn im Realen beginnt alles mit Atemnot, Kälte und Schwindel. Damit implementiert das Imaginäre genau die optischen Illusionen, deren Erforschung auch an der Wiege des Kinos stand. Einem zerstückelten oder (im Fall der Filmaufnahme) zerhackten Körper tritt die illusionäre Kontinuität von Spiegel- oder Filmbewegungen gegenüber. Schon kein Zufall, daß Lacan die jubilatorische Reaktion von Kleinkindern auf ihren Spiegeldoppelgänger mit Beweismitteln des Dokumentarfilms festhalten ließ.

Aus dem Realen schließlich ist nicht mehr zutage zu fördern, als was Lacan mit seiner Gegebenheit voraussetzte – nämlich nichts. Es bildet jenen Rest oder Abfall, den weder der Spiegel des Imaginären noch auch die Gitter des Symbolischen einfangen können – physiologischer Zufall, stochastische Unordnung von Körpern.

Klar fallen die methodischen Distinktionen einer modernen Psychoanalyse zusammen mit technischen Distinktionen der Medien. Jede Theorie hat ihr historisches Apriori. Und der Strukturalismus als Theorie buchstabiert nur nach, was seit der Jahrhundertwende an Daten über die Nachrichtenkanäle läuft.

(FK, *Grammophon Film Typewriter*, Berlin 1986, 27 f.)

Zusammenhang zwischen technischen Kriegen, Weltkriegen, einerseits und technischen Medien andererseits

Nach drei Jahren Öde zwischen Flandern und Ardennen zeigten die Stäbe Erbarmen: die britischen in Flandern, ein deutscher Stab bei Rethel in den Ardennen. Schützengrabenbesatzungen hatten zwar kein Radio, aber »Heeresfunkgeräte«. Vom Mai 1917 an konnte Dr. Hans Bredow, vor dem Krieg AEG-Ingenieur und nach dem Krieg erster Staatssekretär des deutschen Rundfunks, »mit einem primitiven Röhrensender ein Rundfunkprogramm ausstrahlen, bei dem Schallplatten abgespielt und Zeitungsartikel verlesen wurden. Der Gesamterfolg war jedoch dahin, als eine höhere Kommandostelle davon erfuhr und den ›Mißbrauch von Heeresgerät‹ und damit jede weitere Übertragung von Musik und Wortsendungen verbot.«

Aber so läuft es. Unterhaltungsindustrie ist in jedem Wortsinn Mißbrauch von Heeresgerät. [...] Und wie im Kleinen, so im Großen. Der November 1918 demobilisierte auch die 19000 Funker des kaiserlich deutschen Heeres, aber nicht ihren Gerätepark. Die Inspektion der Technischen Abteilung der Nachrichtentruppe (Itenach) [...] gründete vielmehr eine

Zentralfunkleitung (ZFL), die am 25. November vom Vollzugsrat der der Arbeiter- und Soldatenräte in Berlin auch Funkbetriebserlaubnis empfing. Ein »Funkerspuk«, der die Weimarer Republik im technischen Keim erstickt hätte und darum sogleich zum »Gegenangriff« Dr. Bredows führte. Einfach um anarchischen Mißbrauch von Heeresgerät zu verhindern, erhielt Deutschland seinen Unterhaltungsrundfunk. Schallplatten, vormals in den Gräben der Ardennen nur Auflockerungen des militärischen Funkverkehrs, kamen endlich zu programmfüllender Ehre. Sonst hätten ja anstelle von Staat und Medienindustrie die Leute selber Politik machen können.
(FK, *Grammophon Film Typewriter*, Berlin 1986, 149 f.)

›Kittlers Satz vom Missbrauch‹ ist zur Heuristik, und also sprichwörtlich geworden. Er beschreibt im engeren Sinne eine historische Situation im Ersten Weltkrieg, in der über die Heeresfunkgeräte erstmalig eine Form von Radioprogramm ausgestrahlt wird. Programm ersetzt Kommando, auch und erst recht nach dem Krieg (mit allen denkbaren Lesarten von ›ersetzen‹). Im weiteren Sinne beschreibt Kittlers Satz vom Missbrauch eine Arbeitshyphothese in der Medienforschung, der zufolge im Krieg Dringlichkeit und Umstände die Medienentwicklung triggern, und im Nichtkrieg ebenjene Medien die Sinne der ›sogenannten Enduser‹ triggern.

Computergraphik

Friedrich Kittlers theoretisches Gesamtkunstwerk lässt sich in vier Akte unterteilen, wobei durch das Stück eine ausgeprägte Antihermeneutik im Generalbass spielt. Der frühe Kittler betreibt eine psychoanalytische Literaturwissenschaft, die er ›Analyse der Kommunikationssituation‹ nennt und auf der Schreibmaschine schreibt. Ende der siebziger Jahre schwenkt er mit seiner Habilitationsschrift zu den *Aufschreibesystemen* und mit dem Lötkolben zum Bau seines analogen Modularsynthesizers. Mitte der achtziger kauft er seine ersten PCs und beginnt mit der Computergraphikprogrammierung und programmiert seinen eigenen *ray tracer*. Mit seinem 60. Geburtstag schließt er die sogenannte Kittlerschule und vollzieht seine Wendung zu den Griechen. Das unvollendete Spätwerk *Musik und Mathematik* wurzelt im griechischen Vokalalphabet.

Am Lehrstuhl für Geschichte und Ästhetik der Medien bildete die Lehrveranstaltung ›Computergraphik unter Linux‹ eine Konstante von 1993-2008. ›Das Programmierseminar‹ (wie es unter den Teilnehmern hieß) brachte vielbeachtete Dissertationen ebenso hervor wie es zu Mythenbildung und Korpsgeist beitrug. Theoretisches Framework dieses Seminars und des Forschungsschwerpunkts *Computergraphik* war die Berechnung von Daten und das Mapping der Ergebnisse auf das Bild: im Gefolge der optischen Medien und der zentralperspektivischen Konstruktion die Computergraphik wird zwar nach wie vor das Auge adressiert, der Output wird aber berechnet in Symbolkalkülen, und also wird in der Computergraphik analytische und synthetische Erkenntnis gleichauf produziert. (Historischer Index dieser ›Bilder‹ ist die Mandelbrot-Menge.)

Die optischen Medien, wie sie nicht zufällig gleichzeitig mit Gutenbergs Buchdruck die europäische Kultur verändert haben, gingen nämlich die Optik als Optik an. Von der Camera obscura bis zur Fernsehkamera haben all diese Medien das antike Gesetz der Reflexion und das neuzeitliche Gesetz der Refraktion einfach in Hardware gegossen. Spiegelung und Linearperspektive, Brechung und Luftperspektive waren die beiden Mechanismen, die die europäische Wahrnehmung – allen Gegenangriffen moderner Künste zum Trotz – auf perspektivische Projektion vereidigt haben. Was in der bildenden Kunst entweder nur manuell oder, wie bei Vermeer und seiner Camera obscura, nur halbautomatisch lief, haben die technischen Medien als optische Vollautomaten übernommen. Eines schönen Tages legte Henry Fox Talbot die Camera clara, die seine unvollkommene Zeichenhand sehr unvollkommen unterstützt hatte, beiseite und lief zu einer Photographie über, die er als Bleistift der Natur selber feierte. Eines weniger schönen Tages stieß Hoffmanns Nathanael seine Clara beiseite, setzte ein Perspektiv oder Fernglas ans Auge und sprang in den sicheren Tod.

Zu solchen optischen Medien verhält sich die Computergraphik wie diese Medien zum Auge. Wenn die Kameralinse als buchstäbliche Hardware das Auge als buchstäbliche Wetware simuliert, so simuliert als Computergraphik eine Software die Hardware. Die optischen Gesetze der Spiegelung und Brechung bleiben zwar für Ausgabegeräte wie Monitor oder LCD-Bildschirm weiterhin in Kraft, aber das Programm, dessen Eingaben solche Ausgabegeräte ja ansteuern, überführt alle optischen Gesetze, die es berücksichtigt, in algebraisch reine Logik. Das sind, um es gleich zu gestehen, üblicherweise bei weitem nicht alle optischen Gesetze, die für Sehfelder und Oberflächen, für Schatten und Lichtwirkungen gelten; aber was abläuft, sind diese ausgewählten Gesetze selbst und nicht bloß,

wie in anderen optischen Medien, die ihnen entsprechenden Effekte.
(FK, Computergraphik. Eine halbtechnische Einführung; http://www.
aesthetik.hu-berlin.de/medien/texte/Computergraphik.html)

Historisches Apriori

Das historische Apriori ist eines der *key concepts* der *Archäologie des Wissens* von Michel Foucault. Es beschreibt Realitätsbedingungen für Aussagen; die Bedingungen und den Mechanismus des Auftauchens von Aussagen: was konnte zu einer gegebenen Zeit von wem worüber ausgesagt werden? Was sind die Bedingungen, dass dieser Aussage ein Aussagegehalt zugesprochen wurde? Friedrich Kittler ist der materialistisch exakte Erzähler eines wissensarchäologischen Apriori, das, um auf der Höhe der Zeit zu sein, auch sein eigenes Apriori mitreflektieren muss. Dies wäre eine Geschichte als Geschichte und deren Verabschiedung. Und das Zwiespiel eines archäologischen Apriori und eines Apriori der Archäologie. Und die Analyse alles dessen, was *ist*, als notwendig Eingeschriebenes oder Verschaltetes.

Niemand kann die Letternfolge einer Schreibmaschinentastatur denken oder interpretieren. Was beizubringen bleibt, sind empirische Daten über Zeitpunkt und Absicht einer solchen Standardisierung [...] Welche Textsorten welche Funktionen in einem gegebenen Nachrichtennetz spielen, kann und soll nicht präjudiziert werden. Aber die Zuordnungen zwischen den verschiedenen Disziplinen, die je ein synchrones Wissens- oder Sozialsystem ausmachen, bleiben bei Foucault rationale Konstruktionen des Analytikers und somit kritisierbar. Der Grund dafür ist offenkundig, daß Foucault Regularitäten des Diskurses als denkbare Regeln behandelt, also kaum auf die materielle Basis Informationsfluß zurückgeht – mit der Folge einer Ausblendung technischer Schwellen aus seinen Analysen.

Auf genau diesen Schwellen, sofern sie nicht zu denken, sondern nur zu beschreiben sind, müssen Foucaults Befunde mithin übertragen werden, soll das Ergebnis empirisch s[t]ichhaltiger sein. [...] Und zweitens mag eine technische Relektüre Foucaults oder auch Derridas an wesentlich erweitertem Datenmaterial den Effekt zeitigen, daß sich eine Archäologie strukturalistischer Grundannahmen als Geschichtsfakten abzeichnet. Nicht umsonst figuriert in der Archäologie des Wissens die Schreibmaschinentastatur von 1888 als unersetzliches, aber trügerisch zeitloses Paradebeispiel. In diesem und manchem anderen Fall ist vorliegendes Buch bemüht, Figuren gegenwärtigen Denkens (Knappheit, Unübersetzbarkeit, Verräumlichung) auf historische Entscheidungen zurückzuführen und damit zu limitieren.

Als Vokabular zur Überführung philosophischer Theorien in historische Befunde ist das technische geeignet.
(FK, *Aufschreibesysteme 1800/1900. Vorwort*, in: *zfm. Zeitschrift für Medienwissenschaft 6, 1/2012*, Gesellschaft für Medienwissenschaft (Hg.), Zürich 2012, 117-126, hier: 120 f.)

Epistemisches Ding

Das epistemische Ding, die *Épistémologie* gehen zurück auf den französischen Philosophen und Wissenschaftshistoriker Gaston Bachelard und seinen Schüler, den Philosophen, Mediziner und Medizinhistoriker Georges Canguilhem. Die *Épistémologie* als Disziplin der Wissenschaftsgeschichte legt das Augenmerk auf Erkenntnishindernisse. Ein Erkenntnishindernis ist die in der Erkenntnis selbst liegende Grenze, bis zu der in einem Denksystem gedacht werden kann. In der neuzeitlichen Wissenschaft sind Denksystem und Erkenntnis nicht von den Instrumenten der Erkenntnis zu trennen. So ist der Mond seit Galileo jener Mond, den wir durch das Teleskop sehen, und das heißt auch: ein erdähnlicher Trabant, eine Hügellandschaft mit Bergen und Meeren. Kein Kultobjekt, keine Gottheit Luna oder Mani. Unser neuzeitliches Bild vom Mond ist vom Blick durchs Teleskop nicht zu trennen. Analog dazu ist unsere Repräsentation von der Erde seit 1969 nicht mehr zu trennen von Satellitenerdaufnahmen. Insofern ist ein Instrument ein verdinglichtes Theorem. Dass Kittler seinen Synthesizer an dieser Stelle als ein epistemisches Ding beschreibt, zeigt, welche Bedeutung er ihm für seine (kybernetische) Theoriebildung gibt. Die Épistémologie ist eine Strukturwissenschaft, der daran gelegen ist, Synchronizitäten von Denken und Denkhindernissen aufzuweisen, und sie ist methodische Patin für die Beschreibung von *Aufschreibesystemen*. Bis in sein Spätwerk erklärt Friedrich Kittler das Monochord und die Tetraktys als die epistemischen Dinge des Pythagoreismus.

Um nun derartig standardisierte Funktionen anschreiben zu können auf einem Feld, das üblicherweise sehr anders, nach Eigennamen und Biographien nämlich aufgeschlüsselt wurde, ist ein Verfahren systematischer Vergleichung angeraten. Erst im Kontrast zu alternativen Möglichkeiten zeichnet sich der Organisationsplan eines gegebenen Systems ab – durch die Funktionen, die er einbezieht, ebensosehr wie durch die, die er ausschließt. Für diesen Vergleich scheint es notwendig und hinreichend, das literarische Nachrichtennetz zweier unterschiedlicher Zeitpunkte zu rekonstruieren. Notwendig, weil erst in der Differenz die Funktionen von ihren jeweiligen Trägern oder Ausfüllungen abtrennbar werden. Aber auch nicht mehr als hinreichend, weil natürlich kein historisches Nachrichtennetz so voraussetzungslos ist, wie das erste untersuchte System zu Anbeginn scheinen muß. Ein Mißstand, dem wenigstens insofern Rechnung getragen wird, als jeweils vor der Analyse eines synchronen Nachrichtensystems Einleitungskapitel seine historischen Voraussetzungen in Erinnerung rufen.

Der Systemvergleich in historischer Absicht und von zwei oder mehreren Zuständen ist ein verbreitetes Verfahren moderner Historik, die ja im Unterschied zur überkommenen Geistesgeschichte an synchronen Funktionszusammenhängen interessiert ist. Er kann geradezu als gemeinsamer Nenner der Untersuchungen gelten, die Kuhn oder Bachelard für die Geschichte der Naturwissenschaft, Canguilhem oder Foucault für die Geschichte der Menschenwissenschaften übernommen haben.

(FK, *Aufschreibesysteme 1800/1900. Vorwort*, in: *zfm. Zeitschrift für Medienwissenschaft 6*, 1/2012, Gesellschaft für Medienwissenschaft (Hg.), Zürich 2012, 117-126, hier: 118.)

Das Glossar wurde angefertigt von Sebastian Döring

Editorische Notiz

Die Flaschenpost an die Zukunft ist wie ein Theaterstück in Akten inszeniert. Auch der Satz des Textes weist den Text als einen dramatischen aus. Damit wird das Typoskript in doppelter Weise kodiert: als Spur (eines Gespräches) und Entwurf (eines Theaterstücks). Im Theater ist es üblich, eine Strich- oder Spielfassung anzufertigen. Man unterscheidet zwischen einer geschlossenen Regiefassung und einer offenen Strichfassung. Diese ermöglicht Schauspielern und Regisseur, auch die Stellen weiter einzusehen, die gestrichen worden sind, um auf diese Weise den Kontext zu erhalten. Für dieses Gespräch wurde – auch als Hommage an den Konzeptkünstler Joseph Kosuth – der Text offen gestrichen. Auf diese Weise entsteht ein in sich verschränkter Doppeltext. Die eine Fassung ergibt sich aus dem nicht gestrichen Text (A) die andere aus dem gesamten Text (B). B ist eine echte Obermenge von A. Wir empfehlen, zunächst die Spielfassung zu lesen und erst beim zweiten Lesen die gestrichenen Stellen. Eine weitere Möglichkeit besteht darin, dass der Leser den gestrichenen Text überfliegt und bei Desinteresse zum nächsten ungestrichenen Textabschnitt springt. Naturgemäß kann man die offene Strichfassung auch als Transparenz des editorischen Vorgangs begreifen.